東京周辺
お泊まり
ゆる登山

西野淑子

ブルーガイド

東京周辺 お泊まり ゆる登山 CONTENTS

ココロに残る、山登り——004
おさらいしましょう、登山の基本——010
登山計画書——124

PART 1
泊まったらもっと楽しい！

- 01 御岳山〜大岳山——020
- 02 笹尾根——026
- 03 秩父御岳山——030
- 04 大平山——034
- 05 飯盛山——038
- 06 車山——044
- 07 榛名山——048

PART 2
山の中でゆったりお泊まり

- 08 塔ノ岳——054
- 09 雲取山——058
- 10 大菩薩嶺——064
- 11 北横岳——068
- 12 天狗岳——072
- 13 那須岳——076
- 14 谷川岳——082

PART 3
下山後、温泉宿でほっこり

- 15 明神ヶ岳——088
- 16 幕山——092
- 17 草津白根山——096
- 18 篭ノ登山——100
- 19 天上山——106

PART 4
憧れの日本アルプスへ

- 20 乗鞍岳——112
- 21 木曽駒ヶ岳——116

COLUMN
長く快適に歩くために

ザックを選ぶ——018
荷物をもっと軽く——052
行動食、何にする？——086
安全に山を歩くために——122

■本書に記載した交通機関、宿泊施設、その他データについては、2014年2月現在のものを使用しています。これらは変更される場合もありますので、事前に問い合わせるなど十分調査してからお出かけください。また、記述は無雪期を基準にしています。
■本書に記載したコースタイムは、実測を元に、健康な成人が要する標準的な補講時間と考えた時間を記載しています。休憩時間は含みません。コースタイムは個人の経験、体力、荷物の量、天候によって大きく変化しますから、余裕を持った無理のない計画を立ててください。
■本書の詳しい見方は、カバー折り返しをご覧下さい。

 ココロに残る、山登り

登った先にどんな景色があるのかな。
山頂までは、あとひといき。

天狗岳

 歩いているだけで、幸せ。
　　いい景色に出逢えたら、最高に幸せ。

木曽駒ヶ岳・千畳敷カール

那須岳・煙草屋旅館

深い森に抱かれて過ごす
山小屋の時間。
山の余韻を噛み締めて過ごす
山麓の宿の時間。

天狗岳・黒百合ヒュッテ

> お泊まり
> ゆる登山
> に向けて…

おさらいしましょう、
登山の基本

1 | 服装と持ち物

最初から完璧に揃えなくていいんです。山に適した快適なウェアや道具を少しずつ揃えていくのも楽しみのひとつ。まず初めに買うなら靴を。歩くときの心地よさ、足の疲れ具合が違います。

春〜夏〜秋

Tシャツ
汗をよく吸い、早く乾く素材のシャツがおすすめです。綿のシャツは汗をよく吸いますが乾きにくいです。

アンダーウェア
冬は保温性にすぐれた化学繊維やウール、夏は乾きやすく、クーリング効果もあるような薄手のシャツがよいです。

タイツ・靴下
足への衝撃をやわらげ、疲れを軽くするのにも役立つスポーツタイツが人気です。靴下は登山用のやや厚手の靴下が疲れにくく、消臭効果もあります。

帽子
夏はつばのある日よけできるもの、冬は耳まで覆うことができるフリースやウールの帽子が快適。おしゃれ重視で決めちゃいましょう。

水筒
ペットボトルのお茶や水でもOKですが、冬は温かいもの、夏は冷たいものを入れておける、軽い魔法瓶がおすすめです。

スカート
人気の山スカート。足さばきがよく、歩きやすいです。冬はフリースやダウンのスカートもあります。

靴
靴底が硬めで滑りにくい登山用の靴を。買うときは専門のスタッフがいる登山用品店で、試着もしっかりと。

おさらいしましょう、登山の基本

ザックの中には…

●雨具
外からの水を防ぎ、中の水蒸気を逃がしてくれる「防水透湿性」素材の雨具を選びます。

●救急道具・健康保険証
絆創膏や常備薬、包帯、テーピングなど。健康保険証（コピーでも可）も一緒に入れておくとよいです。

●おやつ（行動食）
疲れたときにもすんなりと食べられて元気が出るように、好きなものを！

●レジ袋
ゴミ袋にしたり、濡れた服などを入れたり。2～3枚持ち歩くようにしましょう。

●地図・コンパス
コースタイムやルートの書かれた登山地図が使いやすいです。本書のような地図の入ったガイドブックを参考にするのももちろんOK。

●ヘッドライト
消灯後は真っ暗になる山小屋で過ごすための必須アイテム。夕方遅くに山道を歩かなくてはならないときにも使います。予備の電池も忘れずに。

●虫除け・虫さされ薬
初夏～初秋の低山は、蚊などの虫も多く、虫除けスプレーは重宝します。虫さされ薬も一緒に。

●日焼け止め
日焼けは肌にダメージを与えるし、疲れにもつながります。

●防寒具
山の夜は夏でも寒いです。薄手のフリースやダウンジャケットなどを1枚。

●着替え
1泊程度の山歩きだと、下山するまで着替えない場合が多いです。下山後に着替える服（シャツ、下着）を用意しておくとよいです。山小屋泊まりの場合は、急な雨に降られた場合に備えて、替えのシャツと靴下をビニール袋に入れて持っていきましょう。

秋～冬～春

アウター
最近は薄手で防風性のあるジャケットが人気です。おしゃれな色使いのものも多いですよ。フリース素材の上着も軽くて暖かいです。

手袋
秋～冬の山の必須アイテム。しなやかで、多少濡れても温かいウールや化学繊維の手袋がおすすめです。

ザック
1泊程度のお泊まり山なら30～35ℓぐらいが使い勝手がよいです。背負ったときに荷重を分散してくれる、ウェストベルトつきのものがおすすめ。

パンツ
撥水性、速乾性も備えた登山用のパンツが快適です。長いズボンの場合は足上げがしやすいストレッチ素材のものがよいです。

厚手タイツ・レッグウォーマー
冬は保温効果のある厚手のタイツがおすすめ。レッグウォーマーを重ね履きすると暖かいし、足元のおしゃれも楽しめますよ。

2 | プランニング

山を楽しく、安全に楽しむための下調べや計画。より遠くに出向く、あるいはより長い時間歩くお泊まり登山では「計画を立てる」ことが重要になります。計画から当日までをシミュレーションしてみましょう。

いつ行く？

関東の低山は、真夏は暑く、虫も多いです。標高1000m以上の山だと冬には雪が積もっていることも。山には向き・不向きな時期があるのです。また、花や紅葉を目当てにいくなら、見ごろの時期に行きたいですよね。

アクセス情報

自宅から登山口までの電車・バスの便は重要事項！　バスが1日数本しかないところもあるのです。バス会社のサイトで最新の時刻表を調べておきましょう。とくに下山後にバスを使う場合は、時刻をメモしておきます。

STEP 1　行く山を決める

本書のようなガイドブックなどを参考にしながら、行く山を決めましょう。いつ、だれと？　どんなルートで行こうかな、どこに泊まろうかな。山友達に声をかけ、一緒に考える時間って、とても楽しいですよね。

STEP 2　下調べをする

歩くルートのことはもちろんですが、交通機関や下山後の立ち寄りどころを調べておくのも大切！　天気予報なども見ておきましょう。山小屋へ予約の連絡をするときは、あわせて登山道の状況などを確認しておくとよいでしょう。

どんなルートで？

歩行時間や難しいところ（岩場など）がないかなどを考えて、歩くルートを決めます。通常のペースで疲れずに歩ける目安は行程5〜6時間くらい。ちなみにガイドブックの歩行時間は、休憩時間を含めていません。

お泊まり宿

山麓の宿なら、温泉はあるか、郷土料理が味わえるかなど事前にリサーチしておくとよいでしょう。登山・自然散策の情報に詳しい宿、ハイシーズンでなければ登山口まで送迎をしてくれる宿もあります。

おさらいしましょう、**登山の基本**

何のためにつくるの？

事故が起きたとき、いつ、どこに、どんなルートで行ったのかが分かれば、すぐに適切な場所を探してもらえます。「東京の山に行った」だけでは、どこの山を探してよいのかもわかりません。計画書は、行き先を誰かに知らせる「書き置き」みたいなものです。

早め出発を！

歩行時間の短い山でも「早め出発、早め下山（行動終了）」です。山では午前中のほうが天気は安定していますし、早い時間のほうが何かトラブルがあったときに対応ができます。お泊まり宿でもゆっくり過ごせますし、下山後の打ち上げの時間も長く取れますよ。

STEP 3　計画書を作る

予定が決まったら、計画書を作ります。計画書には行く山の名前、歩くルート、同行メンバーなどを書きます。作りながら、計画に無理がないかなどの確認をしていきましょう。計画書の見本をp.124につけました。コピーして使ってくださいね。

STEP 4　いよいよ当日

待ちに待った山歩きの日！　忘れ物はありませんか？　天気はどうですか？　体調はいい感じですか？　きっと素敵な山があなたを待っていてくれるはず。いってらっしゃい、よい1日を。

どこに出すの？

作った計画書は1通コピーをとり、ひとつは自宅に（家族に）置いていきます。もう1通は最寄り駅や登山口にある登山届ポストに入れていきます。山のある地方自治体の警察署（地域課）に、事前にFAXやメールで送ることもできます。

やめる勇気も大切

今日は体調がよくない、予報が急変して天気がとても悪そう…。山に行くのが不安だと思ったら、中止にするのも大切なこと。無理して歩いてもつらいだけですよ。もっと天気のよいとき、体調がよいときにまた計画すればよいのです。宿へキャンセルの連絡だけは忘れずに。

013

3 | 楽しく歩こう！

長く歩く山歩きほど、「疲れずに歩くこと」が大切になってきます。注意するべきポイントは、いつものゆる登山と全く同じ。歩き慣れてくるとおろそかになりがちな歩き方の基本をもう一度おさらいしておきましょう。

> 登りはゆっくり、ゆっくり。とくにはじめの1時間は意識してゆっくり歩いて体を慣らしていきましょうね。

> 休憩のときはしっかり体を休めて水分や栄養補給を。地図を見てこれからの行程の確認もしておきましょう。

> ストックがあると、とくに下りで足の疲れを軽くすることができますよ。岩場などではしまってね。

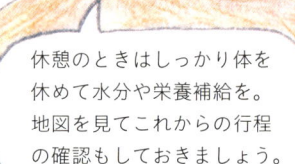

❶ 登りはゆっくり

町歩きのときよりずっとゆっくり、とくに登り斜面は町歩きの半分くらいのゆっくりペースで。おしゃべりしても息が切れないくらい、が目安です。段差は大きく足を上げて登るのではなく、小さな段差を見つけて小刻みに歩くほうが疲れませんよ。それでも疲れて息が切れて来たら、顔を上げてゆっくり深呼吸。胸を開き、空気をいっぱい取り込むことを意識して歩いてみて。

❷ | サイクル1時間

早く歩いてこまめに休むより、ゆっくり長く歩くほうが体への負担は少なく、最後まで疲れずに歩けます。目安としては、「50分ゆっくり歩いて10分休む」を繰り返していきます。一番はじめの1時間は、とくにゆっくり歩くことを意識します。体調はどうだろう、気持ちは乗っているかな。…体の声に耳を傾けながら、じっくり、しっかり温めて慣らすイメージですね。

おさらいしましょう、 登山の基本

❸ 足りなくなる前に補給

　のどが乾くと疲れやすくなります。完全にのどが乾いた状態で水をがぶ飲みしても全部一気に吸収することはできません。休憩ごとに水分を補給しましょう。ちなみに人が汗や呼気から出す水分は1時間につき「体重×5ml」。体から水分がなくなっていることを意識して水分をとりましょう。食べ物も同じです。お腹がすくと疲れやすくなります。少しずつこまめに、が基本です。

❹ 汗をかかない

　歩き始めると体が温まり、暑く感じるとどんどん汗が出てきます。汗で服が濡れてしまうと、冷えで風邪を引いたり体調不良の原因になります。歩き始める時は「今快適な状態」より1枚薄めで歩くと、汗をかかずに心地よく歩くことができます。そして休憩時には、歩き始めに脱いだ上着を1枚羽織り、温まった体を冷やさないようにします。こまめな衣服調節で体を冷えから守りましょう。

4 はじめまして山小屋！

憧れの山小屋泊まり！ でも、厳しい決まりごとがあるの？ 部屋はどうなっているの？ 気になるところがたくさんあります。山小屋に到着してから出発までをシミュレーションしてみました。

山小屋に到着

まずは受付でチェックインをしましょう。宿泊料金は前払いです。館内の説明をしてもらい、食事の時間の確認をしたあと、部屋に案内してもらいます。

山小屋の予約は

予約なしで宿泊できる山小屋も多いのですが、完全予約制の宿、予約がないと休館する山小屋もあるので、予約は入れましょう。連絡をするとき、登山道の状況などを聞いておくとよいです。到着が遅れる場合、あるいはやむを得ずキャンセルの場合は忘れずに連絡を！

相部屋と個室

多くの宿で客室は「男女一緒の相部屋」です。できる範囲で知らない男女が隣り合わせにならないように気を遣ってくれたりします。利用料を支払って個室に泊まることができる小屋もありますが、ハイシーズンには対応できないこともあります。

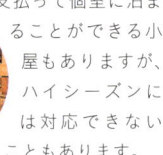

くつろぎタイム

談話室や食堂などのパブリックスペース、あるいは個室でゆっくり休みましょう。早朝から行動していたなら、昼寝で疲労回復するのもおすすめ。多くの山小屋には山関係の本や雑誌が置いてありますから、読んで過ごすのもよいでしょう。寝室も兼ねた大部屋の場合、仮眠している人もいますから、夕方でもそこで騒ぐのはつつしみたいものです。

水は有料って本当？

山には「水道」がありません。水源がなく雨水を貯めているような小屋の場合、有料で分けてもらう場合もあります。山小屋のサイトなどで事前に確認しておきましょう。

おさらいしましょう、登山の基本

夕食 PM

メニューやボリュームは小屋によってまちまちですが、ご飯や味噌汁がおかわり自由のところもあります。ハイシーズンで宿泊者が多い場合は、食事の時間を2回戦、3回戦にするところも。

お風呂はあるの？

温泉地などでない限り、大半の山小屋にはお風呂がありません。ある場合も、石けんやシャンプーなどは使用禁止です。汗や汚れが気になるようなら、ウェットシートなどで体を拭くだけでもスッキリしますよ。

起床 AM

翌日の行動時間あるいはご来光に合わせて起床。まだ暗いうちに起きる場合は、なるべく荷物がガサガサと音を立てないよう、気を配ります。

消灯・就寝 PM

翌日の行動にそなえ、夕食後はすみやかに就寝…というのが山小屋時間。多くの宿は電気も自家発電なので、20時あるいは21時ぐらいには消灯してしまいます。翌日すぐ出られるように、寝る前に荷物の整理は済ませておきます。

朝食 AM

1日の行動の活力、朝ご飯もしっかりと食べましょう！出発が早い場合、朝ご飯を弁当に振り替えられる山小屋が多いので、チェックイン時に相談してみましょう。水筒や魔法瓶にお湯をもらうときは朝食後に。

出発！ AM

忘れ物がないかを確認し、スタート！山小屋でパワーをチャージして、1日楽しく歩きましょう。

017

COLUMN 長く快適に歩くために

① ザックを選ぶ

日帰りハイキングより少し荷物が増えるお泊まり登山。
大きなザックは、選び方にちょっとしたポイントがあります。

**チャチャパック 35
（モンベル）**
女性専用モデルもあります。1万5660円
☎ 06-6536-5740（モンベル・カスタマー・サービス）

**LETHE Q35
（ホグロフス）**
女性の体型に合わせてデザインされています。2万3400円
☎ 03-5228-1770（ホグロフスジャパン）

**ケストレル 38
（オスプレー）**
背面の長さ調節が簡単にできます。1万7280円
☎ 049-271-7113（ロストアロー）

大きさは？

お泊まり登山の場合は、予備の着替えや日数分の行動食が入るぶん、日帰り用より容量が大きい方が使いやすいです。とはいえ、ザックは大きくなるほどザック自体が重くなりますし、たくさん入れられると無駄な荷物を持っていきがち。1泊の小屋泊まり登山の目安は30〜35L。将来的に2〜3泊の小屋泊まりを楽しみたいなら、40Lぐらいでもいいでしょう。

背面の長さ

容量の大きなザックは、体に合ったものを選ぶことが大切になります。ポイントは背中。ウェストベルトを正しい位置にセットした状態で、背中から肩にかけていい感じにフィットするか。お店の人に見てもらいながら、納得いくまで試着しましょう。背面の長さでサイズ設定がある商品、ショルダーベルトの位置を調節して背面の長さを調節できる商品もあります。

ウェストベルト

重く大きなザックほど、「腰に荷重をかける」ことが大切。腰は体の中心、体のなかで一番強い場所なのです。骨盤周りをしっかり包み込むようにフィットできる、幅広のウェストベルトのザックを選ぶとよいでしょう。ベルトの厚みは好みによります。厚みがあるほうがフィット感は高くなりますが、そのぶんザックは重くなりますし、汗がぬけにくいのが難。

泊まったらもっと楽しい！

頑張れば日帰り可能な、ちょっと遠くの山。
でも泊まったらもっと楽に山歩きが楽しめるし
山麓の里の文化や歴史に触れることもできるかも。
「無理せず、楽しく」がゆる登山。
山麓泊まりでゆったりラクラク、
山のすべてを楽しんでしまいましょう。

御岳山〜大岳山

奥多摩の信仰の山を歩き、山上集落の宿へ

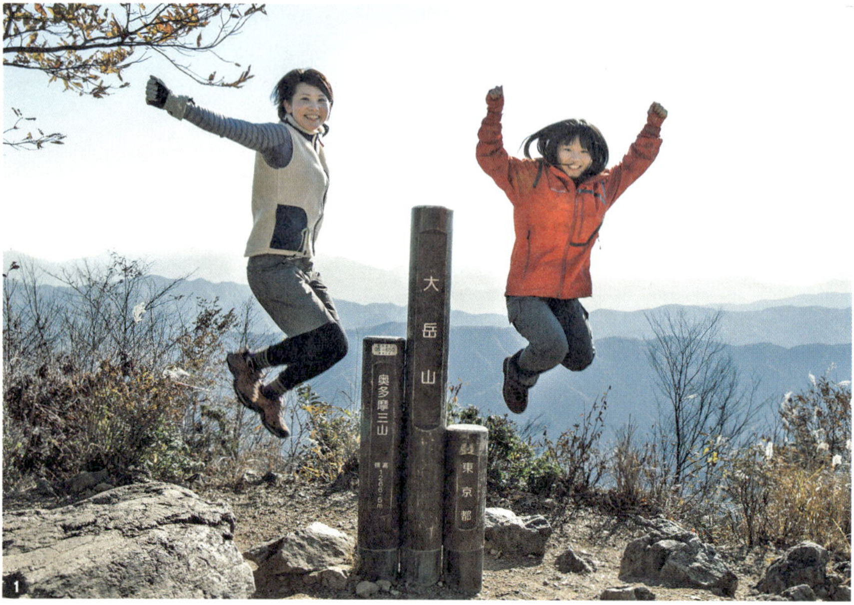

今日もがんばって歩くぞー！

Start!

AM 10:00

居心地いいから
ついつい長く
休憩しちゃうね

DATA

みたけさん〜おおだけさん　東京都奥多摩町
標高..1267m（大岳山）
歩行時間....................................4時間25分
登山レベル................................慣れてきたら

PART 1 泊まったらもっと楽しい！

01 御岳山〜大岳山 Mitakesan-Odakesan

鎖場って
ちょっと
緊張する〜

PM 1:00

PM 2:30

体にやさしく
染み渡ります

AM 6:30

Finish !

1 大岳山の山頂でヒャッホーイ！　2 御嶽神社でお参り。今日も楽しく歩けますように　3 長尾平の広場にはテーブルと椅子がありました　4 ちょっとした鎖場も出てきますよ　5 大岳山の山頂近くは岩場も。アスレチックみたい　6 大岳山の山頂からは富士山、丹沢の山々も見渡せます　7 綾広の滝。滝行などもここで行われるようです　8 今日の宿、山楽荘に到着！おつかれさまでした　9 自家栽培の野菜たっぷりの料理が並ぶ夕食　10 朝6時半から行われる朝拝に参加しました

021

赤い社殿が目を引く御嶽神社。ここが御岳山の山頂です

　御岳山の山頂近く、標高900mのあたりには家々が建ち並んでいます。その多くは武蔵御嶽神社の神職の生活の場であり、武蔵御嶽神社へお参りにくる人々に寝所と食事を提供する宿（宿坊）も残っています。宿坊に泊まり、信仰の山の歴史を身近に感じてみましょう。

　御岳山ケーブルカーで御岳山駅までアクセスし、スタート。舗装道路を進み、急な坂を登り詰めるとお土産屋さんが並ぶ参道へ。長い石段を登り切ると御嶽神社の立派な本殿がある山頂です。来た道を少し戻り、長尾平方面へ向かいます。下り始めてすぐに「近道」の表記がありますが、ここは近いかわりにかなり急な下り道。もう少し下ってなだらかな道から進んでもよいでしょう。長尾平はテーブルやベンチがあり、土曜・休日には売店もあいています。

　ここからしばらくはなだらかな道。いくつか分岐していきますが、「大岳山」方面に進んでいきます。そして「奥の院を経て大岳山」方面に進み、鳥居をくぐると急な登りの始まり。アップダウンを繰り返しながら標高を上げていきます。赤い祠が出てきたら、祠の左側の急な山道へ。登り切ったところが奥の院。広々とした山頂に石の小さな祠が立てられています。

　ここから険しい岩場の道を一気に下ります。下り切るとなだらかになり、少し登り返すと鍋割山。明るく広い山頂でゆっくりしていきま

山ガール
おみくじ？

PART 1 | 泊まったらもっと楽しい！ | 01 御岳山〜大岳山 Mitakesan-Ohdakesan

沢沿いの道が心地よい御岳山ロックガーデン。夏でもひんやりと涼しいところです

天狗岩の烏天狗です

しょう。ここからは緩やかに下っていき、ほどなく大きな鳥居のある大岳神社に到着。ここから大岳山の山頂は今日一番の難所。急な登りのうえ、上のほうは岩場も続きます。手足を使ってガシガシ登りましょう。大岳山の山頂に立つと、目の前に大きく富士山が眺められて感激します。

山頂からは、芥場峠まで来た道を戻り、帰りは巻き道を進みます。ほどなく再び分岐になるので「ロックガーデン方面」に進みます。沢の音を聞きながら下っていくと、すぐに綾広の滝へ。清らかな水の流れに癒されます。この一帯が「御岳山ロックガーデン」。沢が流れる明る

い広葉樹林に、アクセントのように岩の壁が現れます。天狗岩から先はゆるい上り坂。がんばって歩いてきた足には少しこたえますが、登り切れば行きに通った長尾平。ここからケーブルの山頂駅までは30分ほどの道のりです。

OTOMARI-YADO
お泊まり宿

御岳山には江戸時代から続く宿坊が現在も二十数軒あります。山菜や自家栽培野菜を使った身体にやさしい料理が味わえたり、宿によっては滝行などの宿坊体験ができます。夜、山上から眺める関東平野の夜景もすばらしいです。

Mitakesan-Ohdakesan 01

HIKING DATA

❶ 御岳山駅 — 30分 → ❷ 御岳山 — 10分 → ❸ 長尾平 — 1時間 → ❹ 鍋割山 — 15分 → ❺ 芥場峠 — 40分 → ❻ 大岳山 — 50分 → ❼ 天狗岩 — 1時間 → ❶ 御岳山駅

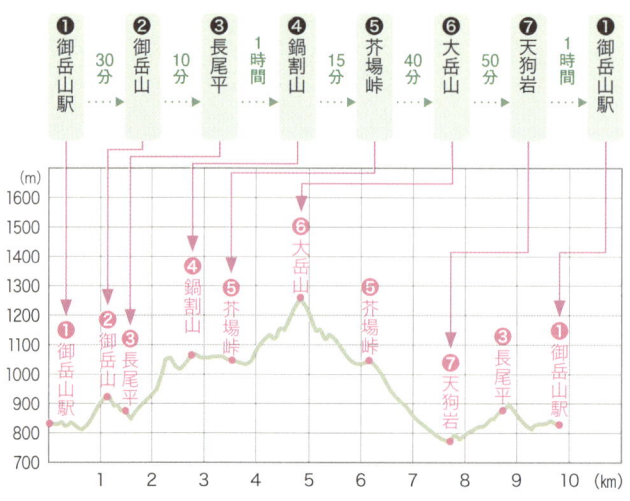

Planning

初日に山歩きを楽しんで御岳山の宿に一泊。2日目はそのまま下山しても、日の出山方面に足を延ばして下山してもよいでしょう。御岳山ケーブルカーの往復乗車券は2日間有効です。

Access data

ゆき：新宿駅からJR中央線特別快速・青梅線で1時間35分（920円）、御嶽駅下車。西東京バスで10分（280円）、ケーブル下下車、徒歩5分でケーブルカー滝本駅へ。御岳山駅へはケーブルカー6分（往復1110円）。

かえり：往路を戻る。

駐車場：滝本駅近くに200台以上あり（有料）。

トイレ

御岳山ケーブルカーの駅、御嶽神社下、長尾平、御岳山ロックガーデンにあり。

問い合わせ

青梅市役所
　　　　☎ 0428-22-1111
奥多摩町役場
　　　　☎ 0428-83-2111
西東京バス（氷川車庫）
　　　　☎ 0428-83-2126
御岳登山鉄道（ケーブルカー）
　　　　☎ 0428-78-8121

OTOMARI-YADO　お泊まり宿

山楽荘

武蔵御嶽神社の神職が主人を務める宿。杉や桧をふんだんに使った、趣ある建物です。自家栽培の野菜や天然素材を使ったやさしい味わいの手作り料理や、体の中からじんわりと温まる薬草風呂などで、山の疲れをゆっくりと癒せます。神殿で神職のお話を聞き祈祷を受けられる朝拝は、すがすがしい気持ちになれる貴重な時間です。

東京都青梅市御岳山108 ／ ☎ 0428-78-8439 ／ 1泊2食付9180円〜、朝拝玉串料2000円

TACHIYORIDOKORO　立ち寄りどころ

玉川屋

茅葺き屋根の建物のそば処。北海道産のそば粉と地元の山の水で打つ手打ちそばは、すっきりしとした味わいです。御嶽駅から徒歩3分。

東京都青梅市御岳本町360 ／ ☎ 0428-78-8345 ／ 11:00〜18:00 ／ 月曜休

滝本駅売店

御岳山ケーブルカーの山麓駅にある売店。やさしい甘みのきびもち大福は行動食にも最適です。日の出町で作られたくんせいチーズも人気。

東京都青梅市御岳山17 ／ ☎ 0428-78-8497 ／ 7:30〜17:00 ／ 無休

浅間峠から先は明るい広葉樹の林。なだらかで歩きやすい道が続いています

02
Sasaone

笹尾根

どこまでも続く
心地よい稜線散歩

DATA

ささおね
東京都檜原村
標高..................1098m（丸山）
歩行時間.............5時間
登山レベル..........慣れてきたら

　笹尾根は東京都と山梨県の県境となる尾根です。かつて武州と甲州の人々はこの尾根を歩き、行き交っていたのです。
　スタートは上川乗（かみかわのり）バス停。車道を進み、道標に従って登山道に取り付きます。はじめは静けさ漂う杉林。一気に標高を上げていきますが、ジグザグに進むのでそれほど急坂には感じません。周りの木々が広葉樹に変わって空が近くなってくると、浅間峠（せんげんとうげ）。大正時代に造られた石の道標があり、昔の人々の往来をしのばせます。
　ここから「土俵岳（どひょうだけ）」方面に進みます。ミズナラやカエデが茂る明るい樹林帯です。新緑、紅葉の時期がとくにきれい。薄暗い杉林を少し進むと、日原峠（ひばらとうげ）。お地蔵様がひそやかに立ち、

026

PART 1 泊まったらもっと楽しい！ 02 笹尾根 Sasaone

1 ここから登山口、いざ出発！ 2 針葉樹の林から広葉樹の林へ。紅葉が見頃でした 3 かわいらしいキノコ発見 4 日原峠。お地蔵様の笑顔にほっこり 5 今にも朽ちそうな丸山の道標 6 やっと「笹尾根」らしい笹の原っぱが出てきました 7 数馬峠はこのコース随一のビューポイント 8 蛇の湯から荘に到着。おつかれさまでした！

登山者を見守ってくれています。緩やかに登っていき、土俵岳へ。残念ながら展望はあまりよくありません。どんどん進みます。小さなアップダウンを繰り返していき、小棡峠（こゆずりとうげ）を過ぎたあたりから、林床に笹が少し現れてきます。

今回のルートの最高地点・丸山は、南側が開けています。明るく広い山頂で休んでいくとよいでしょう。ここから先、ますます笹が茂り、名前のとおり「笹尾根」らしくなってきました。あいかわらず快適な尾根歩きが続きます。大羽根山との分岐を過ぎると、左右の眺めもよくなってきます。さらに進んでいくと数馬峠（かずまとうげ）。南側斜面が開けた広場になっていて、ベンチもあります。手前に権現山、その奥に連なっている

のは丹沢の山々、そして富士山も眺められます。

しっかり眺めを堪能したら、数馬・仲の平方面に向かって下山を始めます。はじめは緩やかな広葉樹林歩きですが、最後は針葉樹の中の下りに。道標に従って進み、車道に出て右に少し進むと、ゴールの仲の平バス停です。

OTOMARI-YADO お泊まり宿

数馬地区には、伝統的な兜造りの建物が多く残り、建物を生かした宿泊施設も数軒あります。兜造りの宿に泊まり、地元の山里の幸を味わいながら、人々の暮らしに思いを馳せてみるのもよいでしょう。

Sasaone 02

HIKING DATA

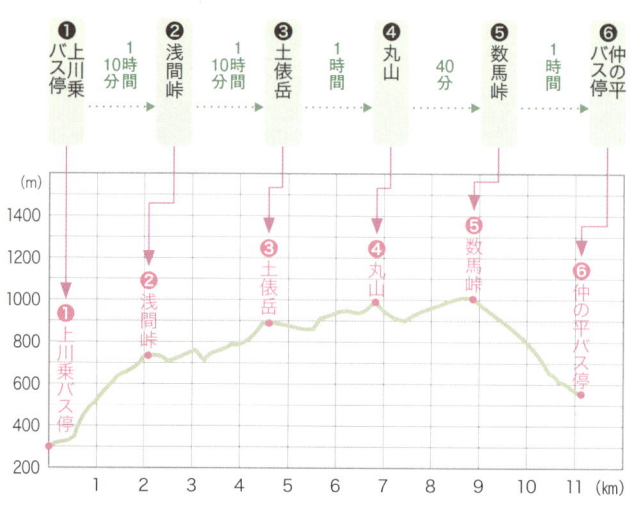

❶ 上川乗バス停 — 1時間10分 → ❷ 浅間峠 — 1時間10分 → ❸ 土俵岳 — 1時間 → ❹ 丸山 — 40分 → ❺ 数馬峠 — 1時間 → ❻ 仲の平バス停

Planning

武蔵五日市駅から数馬方面に向かうバスは本数がそれほど多くありません。バス会社のサイトで最新の時刻表を確認しておきましょ

お泊まり宿 OTOMARI-YADO

蛇の湯たから荘

檜原村・数馬地区に建つ伝統的家屋・兜造りの築300年以上の建物を今に残す温泉宿。大きな茅葺き屋根の建物が目を引きます。日本秘湯を守る会の会員でもあります。夕食、朝食には山・川の幸を生かした素朴な味わいの料理が味わえます。川のせせらぎを聞きながら入る温泉は、登山の疲れを癒してくれるはず。

東京都檜原村2465
☎ 042-598-6001
1泊2食付 1万4500円〜

立ち寄りどころ TACHIYORIDOKORO

瀬音の湯

日帰り温泉施設。自慢のお湯はなめらかな肌触り、肌がすべすべになると評判です。瀬音の湯バス停下車。

東京都あきる野市乙津565 ／ ☎ 042-595-2614 ／ 10:00〜22:00 ／ 年4回休 ／ 3時間800円

山猫亭

おいしい水でいれたコーヒーや紅茶とともに手作りケーキが味わえる喫茶店。フードメニューも人気です。武蔵五日市駅から徒歩1分。

東京都あきる野市舘谷220-9 ／ ☎ 042-596-6321 ／ 11:00〜20:00 ／ 火曜休

う。宿泊した翌日は数馬の湯や払沢の滝に立ち寄ったり、余力があれば都民の森を散策してもいいでしょう。

Access data

ゆき：新宿駅から中央線・五日市線で1時間30分（800円）、武蔵五日市駅下車。武蔵五日市から西東京バスで40分（700円）、上川乗下車。

かえり：仲の平バス停から西東京バス1時間（940円）で武蔵五日市駅へ。武蔵五日市駅からは往路を戻る。

駐車場：上川乗バス停近くに5台程度収容の駐車場あり（有料）。

トイレ

上川乗バス停と、仲の平バス停から50mほど数馬寄りにあり。

問い合わせ

檜原村役場
☎ 042-598-1011

西東京バス（五日市）
☎ 042-596-1611

御岳神社の社が建つ御岳山山頂。狛犬が出迎えてくれます。鐘が思った以上にいい音色

03
Chichibu
Ontakesan

秩父御岳山

静けさ漂う
奥秩父の信仰の山

DATA
ちちぶおんたけさん
埼玉県秩父市・小鹿野町
標高............1080m
歩行時間............5時間
登山レベル........慣れてきたら

　日本には御岳山（おんたけさん・みたけさん）と名付けられた山がたくさんあります。奥秩父にある「御岳山」は、この山の麓の出身であり、木曽御嶽山の登山口のひとつを開いた修験者・普寛によって開かれたといわれています。
　秩父鉄道の終点・三峰口駅からスタートします。登山道まではいくつか分岐がありますが、道標がしっかりついています。登山道が始まるとしばらくはやや急な道。明るく気持ちよい広葉樹林で、ところどころで山麓の町や秩父の山々が眺められます。しばらく進むと、広葉樹の林からうっそうとした杉林になります。いくつかの小さなピークを回り込むように、やや幅広の道がつけられていて、それほどアップダウ

PART 1 泊まったらもっと楽しい！ 03 秩父御岳山 Chichibu Ontakesan

1 レトロな駅舎の三峰口駅　2 歩き始めから山が大きくそびえています　3 はじめは明るい雑木林　4 うっそうとした針葉樹林が続きます　5 タツミチから先、急で悪い道が続きます　6 御岳山山頂から西側の眺め。鋸の歯のような山は両神山　7 二番高谷から秩父方面を眺めて。三角形の山は武甲山です　8 道標にホッとします

ンは感じません。見晴らしはなく、静かな樹林歩きが続きます。ゆっくり歩いていくと、猪狩山(いかりやま)と御岳山との分岐・タツミチに到着。

　ここからは再び広葉樹の道になりますが、左右が切れ落ちた細い尾根を歩いたり、少し岩っぽいところや木の根がゴツゴツと出た道が続き、それまでの道とかなり雰囲気が変わります。山頂まではかなり急な登り、しかもところどころザラザラの砂地で歩きにくいところや、足元の非常に悪い斜面があります。ここはひたすら頑張りどころです。登り切ると強石方面との分岐に出て、山頂まではほんの少しです。

　御岳神社の祠が建てられた山頂は、少し狭いです。北西の方向には、のこぎりの歯のように

ギザギザした稜線が特徴的な両神山(りょうかみさん)が大きく眺められます。雲取山(くもとりやま)、飛竜山(ひりゅうさん)など奥多摩の山々も間近です。山頂にある360度の山名盤で確認をしてみましょう。

　帰りはいくつかルートがありますが、来た道を戻るのが一番歩きやすいでしょう。

OTOMARI-YADO お泊まり宿

秩父鉄道沿線はアットホームな民宿から、高級感あふれる和風旅館までさまざまな宿があり、そのうちのいくつかは温泉を引いています。手打ちそばや旬の山の幸など、郷土料理が自慢の宿も多いです。

031

HIKING DATA

Chichibu Ontakesan 03

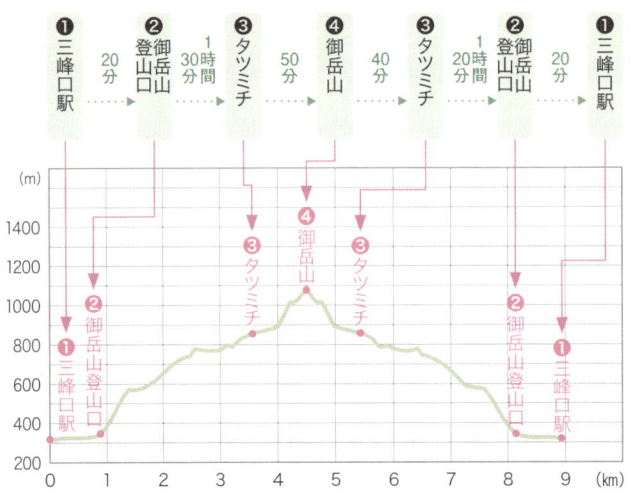

Planning

西武秩父線は、土曜・休日は池袋駅から三峰口駅に直行する電車があります。朝7時台の快速急行に乗れば、9時過ぎには歩き始められます。1泊し、翌日は秩父鉄道秩父駅まで戻って古い町並みの散策をするのもよいでしょう。

Access data

ゆき：池袋駅から西武秩父線特急で1時間20分（1420円）、西武秩父駅下車。徒歩5分ほどの御花畑駅から秩父鉄道で20分（440円）、三峰口駅下車。
かえり：往路を戻る。
駐車場：三峰口駅前に10台程度（有料）。

トイレ

三峰口駅、贄川（にえかわ）集落との分岐にあり。

問い合わせ

小鹿野町役場
　　　☎ 0494-75-1221
秩父市役所
　　　☎ 0494-22-2211

OTOMARI-YADO　お泊まり宿

民宿すぎの子

江戸時代には一帯を取り仕切る庄屋の家だったという、築300年の茅葺き屋根の建物を使った宿。どことなく懐かしさを感じる客室で、のんびりとくつろげます。食事は秩父の天然ものの食材を生かした手作り料理で、春はたらの芽やワラビなどの山菜料理も楽しみ。秋～冬は野性味あふれるいのしし鍋（別料金）も人気です。

埼玉県秩父市荒川上田野 1743-1
☎ 0494-54-0963 ／ 1泊2食付 7000円～
秩父鉄道武州中川駅から徒歩5分

TACHIYORIDOKORO　立ち寄りどころ

西武秩父仲見世通り

西武秩父駅から続くアーケード街。みそや地酒など秩父の名産品を扱う店や、秩父名物のわらじカツ丼が味わえる食堂が並びます。

☎ 0494-22-7111 ／営業時間・定休日とも店舗により異なる

福島屋

三峰口駅前に建つ手打ちそば・うどんの店。座敷もある広い店内で料理が味わえます。素朴な味わいのそば、うどんのほか、丼ものもあります。

埼玉県秩父市荒川白久 1567 ／ 0494-54-0124 ／ 8:30～18:00 ／不定休

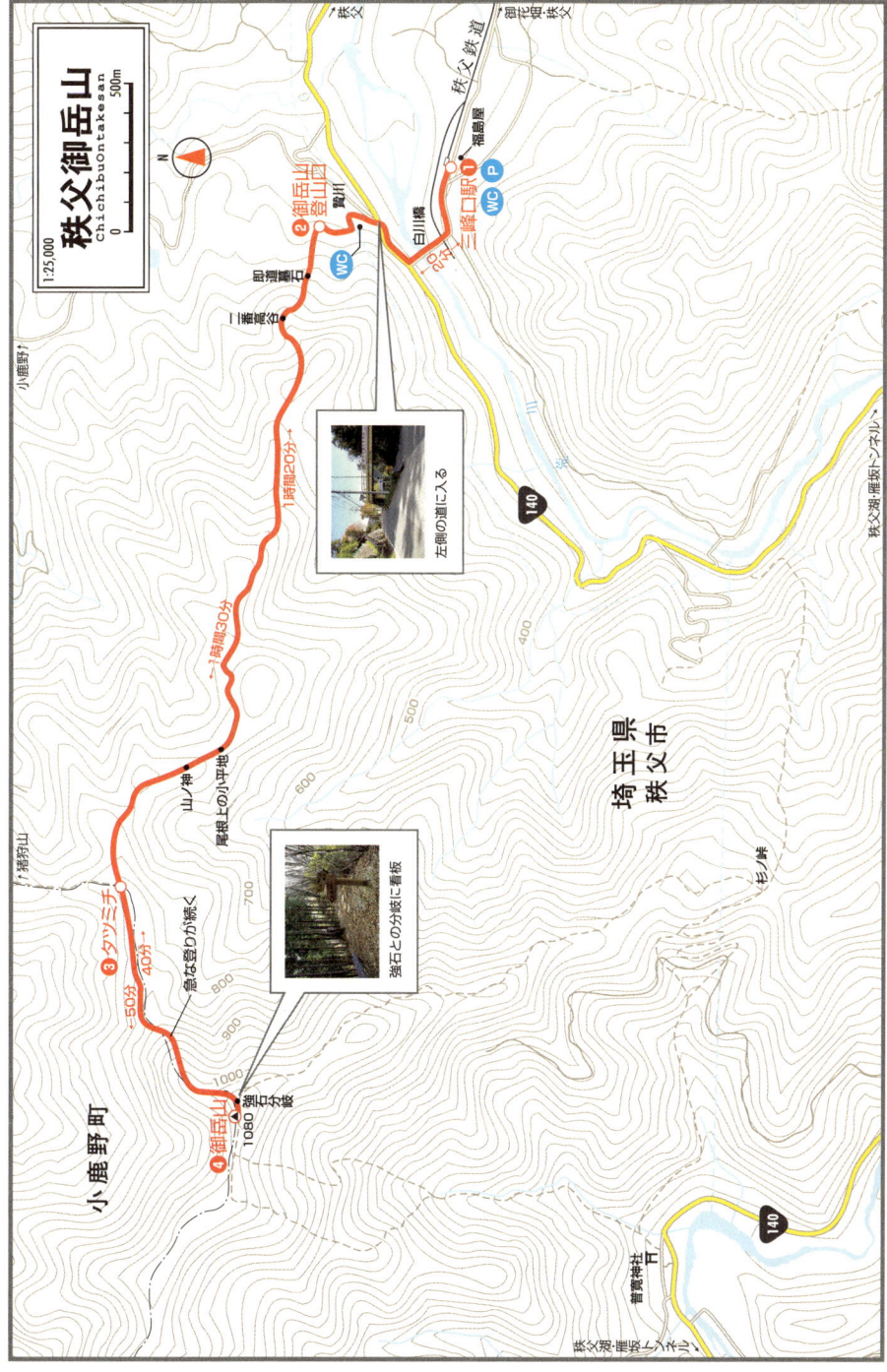

山中湖の湖畔から眺めるダイヤモンド富士。
例年見られるのは 12 月半ばから月末にかけて

04
Ohhirayama

大平山

大きく美しい富士山の姿に
感動

DATA
おおひらやま
山梨県山中湖村
標高.................... 1296m
歩行時間............ 3 時間 20 分
登山レベル .... 慣れてきたら

　秋から冬、山中湖周辺では富士山の山頂に太陽が重なる「ダイヤモンド富士」が見られます。花の都公園や山中湖親水公園、そして大平山もそのビューポイント。山頂からは 11 月中旬と 1 月下旬にダイヤモンド富士が楽しめます。
　スタートは平野バス停から。平尾山入口に向かいます。東海自然歩道の真新しい看板が目印です。別荘地の中を 10 分ほど歩くといよいよ山道へ。針葉樹の林と明るい雑木林が混じっています。はじめは緩やかな登り道ですが、しばらく進むと、丸太のやや急な階段になっていきます。石割神社駐車場からの合流点を過ぎると、視界が開けて、木々の間から周りの山々、これから歩く尾根が見えてきます。ところどころ土

PART 1 泊まったらもっと楽しい！ 04 大平山 Ohhirayama

1 東海自然歩道の道標が至るところに整備されています 2 空が開けてきたら稜線まではあと少し！ 3 平尾山の山頂。これから歩く稜線がずうっと見えます 4 平尾山からは丸太の階段の急な下り 5 広々とした大平山の山頂でひと休み 6 大平山には三角点がありました 7 飯盛山の山頂は、さえぎるもののない隠れビュースポットです

がえぐれて歩きにくいところもありますが、景色に励まされて歩くうちに傾斜が緩み、ぽっかりと開けた尾根に出ます。平尾山の山頂からは、きれいに裾野を広げた富士山が見え、眼下には山中湖が青々とした水をたたえています。

　ここからは、丸太の階段をしばらく下り、少し登り返してピークへ、というパターンを繰り返します。ずうっと下ってちょっと登り切ると次のピークが大平山。広々とした山頂からは、富士山の姿がひときわ大きく眺められます。

　さらに、ベンチがあり富士山を格好よく眺められる飯盛山（いいもりやま）、そしてドコモの電波塔のある長池山とピークをつなげていきながら、富士山に近づいていきます。長池山からは「忍野八海（おしのはっかい）」方面に進むと、すぐに大出山と花の都公園の分岐に出るので、花の都公園方面へ進みます。かなり長い丸太の階段を下り切ると、静かな針葉樹の林。どんどん進むうちに別荘地に出ます。このあとは「忍野八海」の道標に従って進み、花の都公園に向かいます。

OTOMARI-YADO お泊まり宿

山中湖の湖畔には、200軒以上の宿泊施設があります。アットホームな民宿やペンションを中心に、旅館や貸別荘など、種類もさまざま。宿や観光施設が多いのは、湖の西側の山中地区、南側の旭日丘（あさひがおか）地区です。

HIKING DATA

Ohhirayama 04

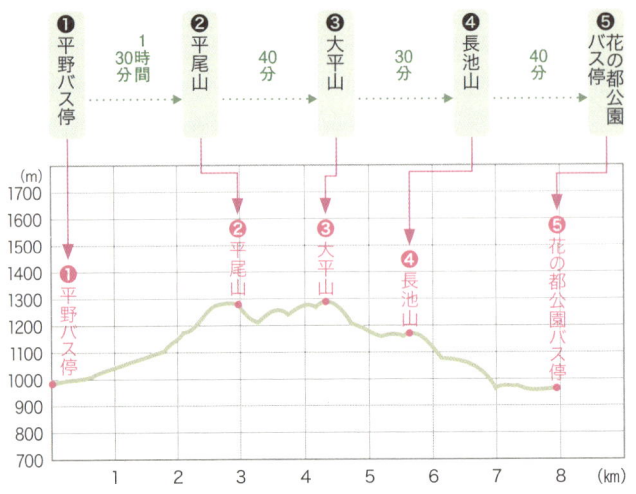

Planning

ダイヤモンド富士狙いなら、早朝発のハイキング後にビューポイントでダイヤモンド富士を楽しんでから宿へ。ダイヤモンド富士のビューポイントや見られる日は、役場のサイトなどで。

Access data

ゆき：新宿駅から富士急高速バスで約2時間30分（2100円）、平野下車。電車利用の場合は新宿駅からJR中央本線特急で1時間5分（指定席2770円）、大月駅下車。富士急に乗り換え45分（1020円）、富士山駅から富士急山梨バスに乗り換え35分（790円）、平野下車。
かえり：花の都公園から富士急山梨バス10分（190円）、富士山山中湖（ホテルマウント富士）バス停で高速バスに乗り換え新宿駅へ（2050円）。電車の場合は花の都公園から30分（460円）で富士山駅へ。
駐車場：山中湖湖畔に数カ所、石割神社入口あり。

トイレ

平野バス停、花の都公園にあり。

問い合わせ

山中湖村役場
………☎ 0555-62-1111
京王高速バス予約センター
………☎ 03-5376-2222
富士急山梨バス
………☎ 0555-72-6877

お泊まり宿 OTOMARI-YADO

ペンションまりも

客室は全室離れのコテージタイプ。仲間どうしで気兼ねなくくつろげるペンションです。厳選した素材を使った洋風フルコースのディナーは、山梨のワインと合わせて味わいたいところ。お風呂は部屋ごとで貸切利用するシステム。富士山から湧く水を超軟水にしており、大きな桧風呂でリラックスできます。

山梨県山中湖村平野 2530-5
☎ 0555-65-6046 ／ 1泊2食付 1万1300円～　※登山口まで送迎あり（応相談）

立ち寄りどころ TACHIYORIDOKORO

紅富士の湯

富士山の眺めが楽しめる日帰り温泉。日本庭園風の露天風呂やジェットバスなど風呂の種類も豊富。

山梨県山中湖村山中 865-776 ／
0555-20-2700 ／ 10:00～21:00 ／ 火曜休 ／ 700円

花庵

花の都公園内にある食事どころ。山梨名物のほうとうが味わえます。おすすめの富士山ほうとうは肉や野菜など具だくさんでボリューム満点！

山梨県山中湖村山中 1650 ／ ☎ 0555-62-5587 ／ 10:00～16:00 ／ 無休

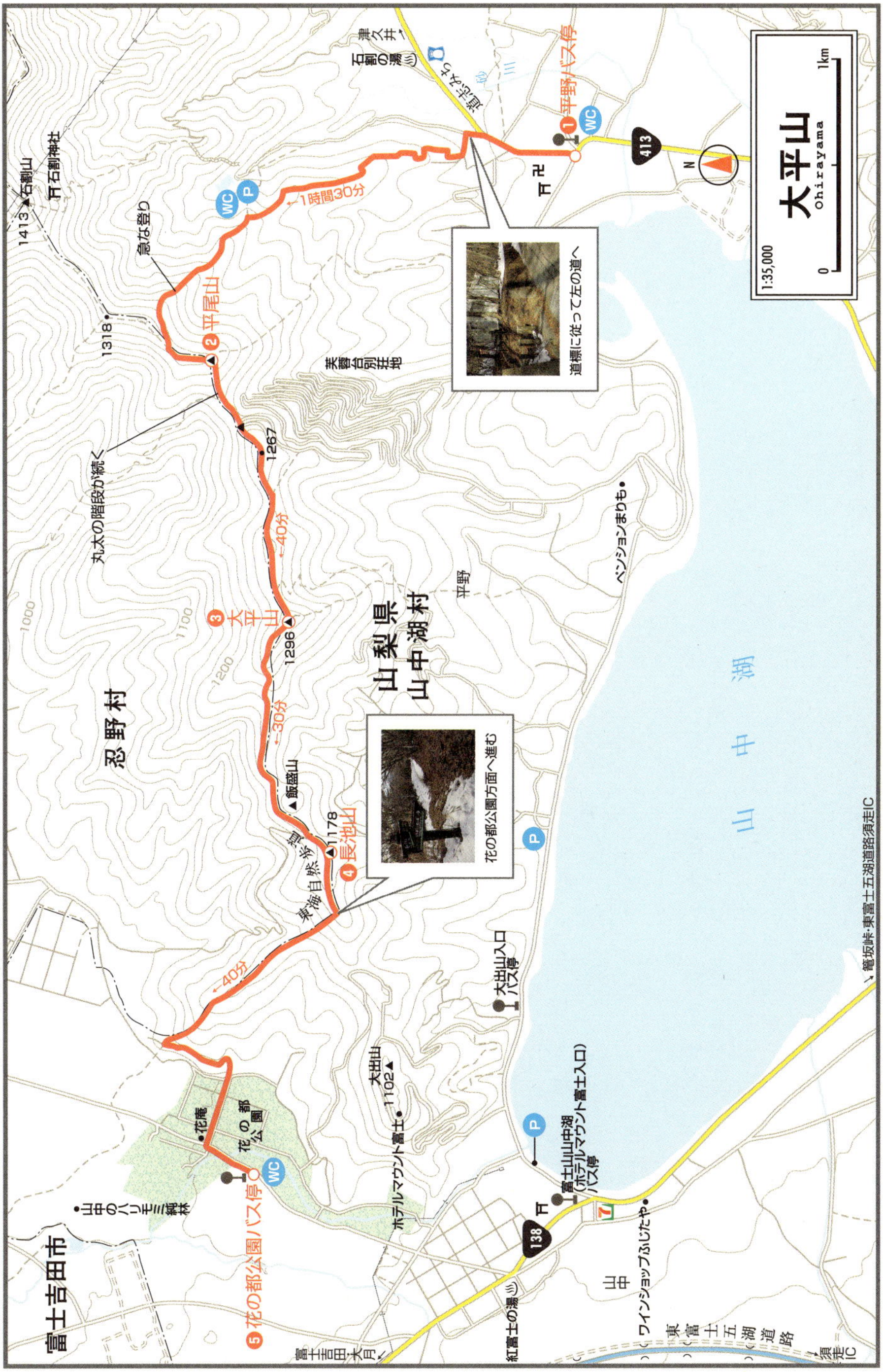
大平山
Ohirayama
1:35,000
0
1km
N
413
❶平野バス停
WC
石割の湯
津久井
さんかく道
砂
川
1413▲石割山
石割神社
WC
P
急な登り
1時間30分
1318
❷平尾山
芙蓉台別荘地
1267
丸太の階段が続く
40分
平野
ペンションまりも
1000
1100
1200
❸大平山
1296
山梨県
山中湖村
山中湖
忍野村
30分
▲飯盛山
1178
❹長池山
東海自然歩道
花の都公園方面へ進む
道標に従って左の道へ
P
篭坂峠・東富士五湖道路須走IC
40分
大出山入口バス停
大出山
1102▲
ホテルマウント富士
富士山山中湖（ホテルマウント富士入口）バス停
P
花庵
花の都公園
WC
❺花の都公園バス停
山中のハリモミ純林
富士吉田市
138
紅富士の湯
ワインショップふじたや
山中
東富士五湖道路
須走IC
富士吉田・大月

05 *Meshimori yama*

飯盛山

360度の展望が楽しめるのんびり山

鉄道最高地点！

DATA めしもりやま　長野県南牧村
標高... 1643m
歩行時間................................. 4時間20分
登山レベル .... 初めてでも

PART1 泊まったらもっと楽しい！

05 飯盛山 Meshimoriyama

右手に見えるこんもりとした山が飯盛山。
名前のとおり、かわいらしい形の山です

平沢山との分岐に来たら山頂はもうすぐ

　こんもりと丸い、名前のとおり、お碗にご飯を盛ったような形の山。ちょっとの頑張りですばらしい展望を楽しめる、人気の山です。
　清里駅からスタートし、舗装道路を進みます。国道を横切り、道標に従って飯盛山の登山口に向かいます。登山道に入る少し前で来た道を振り返ってみましょう。八ヶ岳が大きくそびえていて、ちょっと感激してしまいます。登山道に入ると明るい樹林帯。すぐそばを流れる沢が心地よい水音をたてていて、木漏れ日もキラキラしています。はじめは緩やかで歩きやすいのですが、だんだん急になってきて、少し岩っぽいところも出てきます。空が開けてくるとほどなく広場に。少し休んでいきましょう。その先から少しずつ眺めがよくなってきます。進行方向右手に北岳や甲斐駒ヶ岳など南アルプスの山々、さらには富士山も眺められます。広くてなだらかな道を進むうちに、目の前に飯盛山が姿を見せてきます。
　飯盛山と平沢山の分岐に着いたら、道標に従って飯盛山へ。ほんのひとのぼりで山頂です。屏風のようにつらなる南アルプスの山々、ひときわ大きい八ヶ岳。さえぎるもののない、まさに360度の展望です。景色を楽しみながらゆっくり休憩していきましょう。十分に楽しんだら分岐まで来た道を戻り、平沢山へ向かいます。頂上直下は少しザラザラした砂地で登りにくい

すぐそこですか?!

PART 1 泊まったらもっと楽しい！ 05 飯盛山 *Meshimoriyama*

1 清里駅にはSLも展示されています　2 登山口へ。来た方向に八ヶ岳がそびえています　3 のんびり歩き始めます　4 飯盛山の山頂からは富士山の姿も！　5 飯盛山の山頂に到着！すばらしい眺めですよ　6 続いて平沢山にも登頂しました　7 絶景ポイント・獅子岩。八ヶ岳の眺めもそろそろ見納め　8 レールがご神体の鉄道神社

イラストマップ発見！

ですが、なんとか登り切ると、こちらもまたすばらしい展望です。飯盛山が混み合っているなら、ここでゆっくりしてもよさそうです。ここからは「獅子岩」方面にどんどん下ります。少し足場の悪い急坂もありますから十分注意して。車道に降り立つと平沢峠。ここを境に水が太平洋と日本海に流れる、分水嶺となっています。少し先に獅子岩があります。

平沢峠からは舗装道路を進みます。八ヶ岳を背景にのどかな田園風景が広がっていて、心がなごみます。ずっと進むとJRの鉄道との交差点に。そこがJR鉄道最高地点にあたる場所で、大きな石碑や鐘、日本に3つしかないという鉄道神社があります。ここからは線路沿いの道を進み、野辺山駅に向かいます。かわいらしい駅舎の野辺山駅には農産物直売所も併設されています。新鮮な高原野菜をおみやげにどうぞ。

OTOMARI-YADO お泊まり宿

お泊まりで楽しむなら、小海線沿線で宿泊を。周辺の山や散策路に関する案内をしてくれる宿もあります。清里駅周辺はアットホームな雰囲気のペンションが多く、前夜泊で歩くのにも適しています。

041

HIKING DATA

Meshimoriyama 05

❶ 清里駅 — 40分 — ❷ 平沢 — 1時間30分 — ❸ 飯盛山 — 20分 — ❹ 平沢山 — 40分 — ❺ 平沢峠 — 40分 — ❻ JR鉄道最高地点 — 30分 — ❼ 野辺山駅

Planning

小海線は本数が少ないのがちょっと悩ましいところ。都内を早朝発にすると、清里駅の出発が10時過ぎになります。夕方出発にして山麓または小淵沢近辺で1泊し、翌日早朝から歩くのもいいでしょう。混雑を避けて歩けますよ。

Access data

ゆき：新宿駅からJR中央本線特急で1時間55分（清里まで指定席6030円）、小淵沢駅で小海線に乗り換え24分、清里駅下車。

かえり：野辺山駅からJR小海線で小淵沢駅まで24分（新宿まで指定席6030円）、小淵沢駅から往路を戻る。

駐車場：清里駅、野辺山駅それぞれ駐車場あり。

トイレ

清里駅、平沢峠、JR鉄道最高地点、野辺山駅にあり。

問い合わせ

南牧村役場
………☎ 0267-96-2211
北杜市役所
………☎ 0551-42-1111

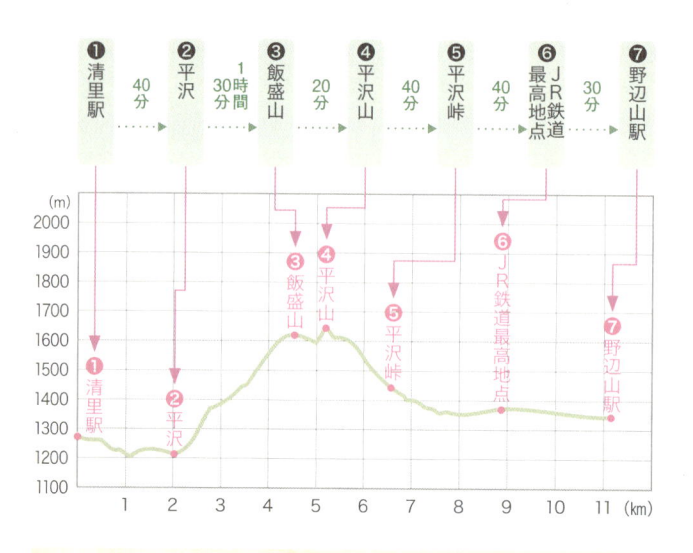

OTOMARI-YADO　お泊まり宿

ロッジ山旅

日帰りの山を余裕を持って楽しむベースキャンプとして多くのハイカーに人気のペンション。山に詳しいオーナーからおすすめの山情報を聞くのも楽しみです。食事は季節の素材を使った和食。春はオーナー自ら収穫した山菜なども味わえます。館内には古典的名著から最新のガイドまで、数千冊の山の本があります。

山梨県北杜市大泉町西井出8240-4012／☎ 0551-20-5634／1泊2食付8000円／通年営業／登山口まで送迎あり（要相談）

TACHIYORIDOKORO　立ち寄りどころ

ブランジェリー ブレドオール

常時50種類近くのパンが並ぶ、老舗のパン屋さん。人気のクリームパンはプリンのように濃厚でやさしい甘みのクリームが絶品です。

山梨県北杜市高根町清里3545／☎ 0551-48-3150／8:00〜17:00／水曜休

レストラン最高地点

風味のよい手打ちそばが人気の和風レストラン。山小屋風の建物からは八ヶ岳の眺めが素敵です。近隣の名産品を扱う売店もあります。

長野県南牧村野辺山214-32／☎ 0267-98-3210／11:00〜17:00／火曜休

飯盛山 Meshimoriyama

1:31,000　0　500m

PART1 泊まったらもっと楽しい！ 05 飯盛山 Meshimoriyama

長野県 南牧村
山梨県 北杜市

- 野辺山SLランド
- 南牧村歴史民俗資料館
- ⑦野辺山駅
- JR小海線
- レストラン最高地点
- ⑥JR鉄道最高地点
- 国立天文台 野辺山宇宙電波観測所
- 獅子岩
- 獅子岩は展望ポイント
- ⑤平沢峠
- 胴塚
- 野辺山スキー場
- ④平沢山 ▲1653
- ③飯盛山 ▲1643
- ①清里駅
- ブランジェリープレドオール
- ②平沢
- 急な登り
- 須玉IC
- 佐久↑
- 小諸↑

道標を見落とさないで

牧柵の間から登る

30分 / 40分 / 40分 / 40分 / 20分 / 1時間30分 / 40分

043

車山山頂はもうすぐ。白く丸い屋根の建物は気象レーダー観測所で、遠くからでもよく目立ちます

06
Kurumayama

車山

日本アルプスの展望と
高山植物の群落

DATA
くるまやま
長野県茅野市・諏訪市
標高................... 1925m
歩行時間............. 3時間50分
登山レベル......... 初めてでも

　日本アルプスや八ヶ岳の眺めがすばらしい車山は、山頂近くまでリフトでアクセスできるお手軽な山でもあります。足を延ばして草原の山歩きや湿原散歩を楽しみましょう。
　車山高原バス停から、2本のリフトを乗り継ぐと、5分ほどの歩きで車山山頂に。屏風のように連なる日本アルプスの山々、雄大な八ヶ岳。天気に恵まれれば富士山も眺められます。景色を楽しんだら、来た道を少し戻り、道標に従って「車山乗越」方面へ。やや急な下りの階段を下ります。車山乗越からは緩やかな登りに。ゆっくり登っていくと、広々とした山頂の蝶々深山に到着します。
　山頂からは、草原に覆われたなだらかな山が

PART 1 泊まったらもっと楽しい！ | 06 車山 Kurumayama

1 車山山頂からは日本アルプスや富士山、日本の名だたる山々を一望に見渡せます 2 眼下に白樺湖が眺められます 3 なだらかな山姿の蝶々深山 4 登山道はよく整備されています 5 蝶々深山の山頂。広々として休憩に最適です 6 大きな石が積み上がったような物見石 7 八島湿原は夏は湿原植物に彩られます 8 石碑が立つ旧御射山

さらに連なっているのが眺められます。この草原は初夏から夏にかけて高山の花々で彩られます。鮮やかな山吹色のニッコウキスゲ、濃いピンク色のアカバナシモツケやヤナギラン。さまざまな花が見られます。さらにお花畑に彩られた草原を進みます。物見石に着くと、八島湿原（やしましつげん）が広がっているのが眺められます。物見石から先は少し道が悪く、大きな岩が連なっているところもありますが、慎重に歩けば大丈夫。鎌ヶ池キャンプ場跡からは八島湿原の縁を反時計回りで進みます。木道があるので、道からはずれて歩かないこと。

さらに木道を進むと、旧御射山（もとみさやま）。平安時代から諏訪大社下社の祭が行われていたところだそうです。道標に従って進み、車山肩に向かいます。沢渡（さわたり）からはやや急な登り道。このあたりもまた、夏はニッコウキスゲの群落が見られます。前方左手にはずっと歩いてきた車山の稜線が見え、こんなに歩いてきたのかと自分を褒めたくなるはずです。

OTOMARI-YADO お泊まり宿

車山高原にはリゾートホテルからペンションまで、約50軒の宿があります。多くの宿は地元食材や自家栽培の野菜を使った料理が自慢。車山高原バス停から宿泊施設への送迎バスの運行もあります。

Kurumayama 06　HIKING DATA

①山頂駅 —5分→ ②車山 —45分→ ③蝶々深山 —20分→ ④物見石 —1時間10分→ ⑤八島園地 —30分→ ⑥旧御射山 —1時間→ ⑦車山肩

Planning

起点となるのは車山高原バス停。車山高原行きのバスはシーズンによって便数がかなり変わります。最新の時刻表をサイトで確認しておくこと。1日目に登山を楽しみ、翌日は白樺湖などに足を延ばしてもよいでしょう。

Access data

ゆき：新宿駅からJR中央本線特急で2時間10分（指定席6350円）、茅野駅下車。アルピコ交通バスで55分（1350円）、車山高原下車。山頂駅へはリフト2本で15分（1000円）。

かえり：車山肩バス停からアルピコ交通バスで35分（1100円）で上諏訪駅へ。上諏訪駅から往路を戻る。

駐車場：車山高原（リフト乗り場）に駐車場あり（有料）。

トイレ

車山リフト山頂駅、八島園地などコース上に数カ所あり。

問い合わせ

茅野市役所
　☎ 0266-72-2101
諏訪市役所
　☎ 0266-52-4141
アルピコ交通（茅野駅前）
　☎ 0266-72-2151

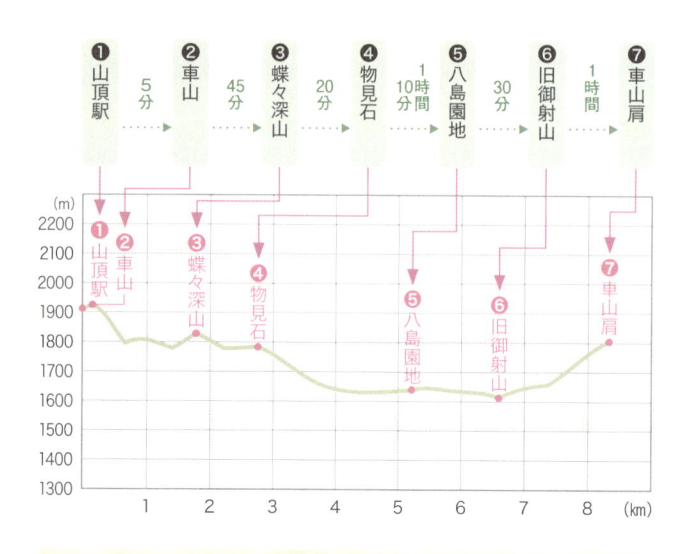

お泊まり宿　OTOMARI-YADO

ペンション TOSS

環境にやさしい、エコをテーマにしたペンション。自家栽培の野菜や地元産の食材を使ったオーガニックフレンチの夕食が体にやさしく染み渡ります。ペンション周辺を散策するエコウォーク（自然観察散歩）は毎朝開催。また、自然について解説してもらえる霧ヶ峰車山エコツアーも開催しています（有料）。

長野県茅野市北山3412-61
☎ 0266-68-3060／1泊2食付8600円〜
※登山口まで送迎可

立ち寄りどころ　TACHIYORIDOKORO

ヒュッテみさやま

喫茶スペースでは、オリジナルのコーヒーやパウンドケーキなどが味わえます。4月末〜11月営業。1泊素泊まり4000円〜。

長野県下諏訪町八島湿原10618／☎ 0266-75-2370／カフェ9:30〜15:00／不定休

トップス360°

車山高原リフトの乗り換え地にある、眺めのよいおしゃれなカフェ。手作りケーキやバリエーション豊富なドリンクが人気です。

長野県茅野市北山3413／☎ 0266-68-2723／9:00〜16:00／リフト営業中は無休

1:25,000
車山
Kurumayama
0 500m
N
長和町
長野県
下諏訪町
諏訪市
車山高原スキー場のセンターハウスから第1クワッドリフトに乗ると、トップス360°のところへ到着。ここからリフトを乗り継いで山頂駅へ。
1 山頂駅
2 車山
1925
←5分
3 蝶々深山
1836
4 物見石
5 八島園地
6 旧御射山
7 車山肩
←45分
←20分
←1時間10分
30分→
1時間→
車山乗越
草原の道が続く
木道あり
鎌ヶ池キャンプ場跡
鎌ヶ池
八島ヶ原湿原
八島湿原
ビジターセンターあざみ館
鷲が峰ひゅって
ヒュッテみさやま
諏訪神社
ここから広い砂利道
沢渡
クヌルプヒュッテ
ヒュッテジャヴェル
コロボックルヒュッテ
車山肩
車山湿原
ビーナスライン
スカイパノラマクワッドリフト
トップス360°
車山高原スキー場
エコーバレースキー場
殿城山
一本樺ノ岳
1832
山彦谷北ノ耳
1829
山彦谷南ノ耳
1838
男女倉山
1776
屏風岩
1464
和田峠
上諏訪駅
1400
1500
1600
1700
1800
194
40
↓県道40号・上諏訪駅・白樺湖
↓車山高原バス停・白樺湖
「車山肩」へ小さな看板あり

硯岩から榛名湖を眺めて。湖畔にそびえる
きれいな形の山が榛名富士です

07 *Harunasan*

榛名山
榛名湖を見下ろす展望の山

DATA
はるなさん
群馬県高崎市
標高.................. 1449m（掃部ヶ岳）
歩行時間............. 3 時間 30 分
登山レベル .... 慣れてきたら

　榛名山は榛名湖を囲むようにそびえる山々の総称。高速道路から眺めると、恐竜の背中のようなポコポコと連なる山並みが印象的です。そのなかの最高峰、掃部ヶ岳に登ります。
　榛名湖バス停から歩き始めます。国民宿舎の建物の先から左の道に入るとすぐに山道が始まります。はじめは心地よいなだらかな樹林帯。だんだん傾斜がきつくなり、丸太の急な階段を登ると硯岩との分岐。寄り道していきましょう。とはいえ硯岩まではかなり急で岩っぽい道になります。頑張って登ったぶん、硯岩からの眺めは最高！　青々と水をたたえた榛名湖、榛名湖の対岸には榛名富士が名前のとおりのきれいな姿を見せています。

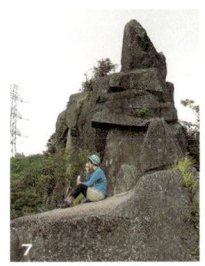

PART 1 泊まったらもっと楽しい！ 07 榛名山 Harunasan

1 はじめは心地よい広葉樹林 2 硯岩の由来、硯を立てたような形の岩 3 どこまでも丸太の階段が続きます 4 山名板があるだけの質素な山頂 5 天気がよければ浅間山や八ヶ岳も眺められます 6 腰まで笹！ でも道はあります 7 眺めのよい耳岩でひと休み 8 やさしい顔のお地蔵様 9 湖畔の宿記念公園には竹久夢二のアトリエも

　硯岩からから先も、さらに樹林帯の登りです。登っていくうちにどんどん登りが急になっていきます。段差のある丸太の階段が続き、かなり息が切れますが、ここが頑張りどころです。登り切った山頂からは、天気に恵まれればうっすら煙を上げる浅間山や、八ヶ岳の山々を眺めることができます。

　ここからは登山道がかなりワイルドな雰囲気になります。とくにはじめが急なので十分気をつけて。腰ぐらいまで深く茂った笹に覆われた道は少し分かりづらいですが、道はしっかりできています。笹が少し薄くなると再び心地よい樹林帯に。途中で「耳岩」と名付けられた岩があります。大きな岩の上からの眺めもすばらしく、ここでランチタイムにしてもよさそうです。さらに道標に従って進むと、杖の神峠へ。おだやかな顔のお地蔵様の姿にほっとします。

　ここからは林道を進むだけ。平坦な道をひたすら歩き、途中でコンクリート舗装された細い道を下ると湖畔の宿記念公園に到着です。

OTOMARI-YADO お泊まり宿

榛名湖の湖畔、榛名富士山麓には榛名湖温泉があり、2軒の宿泊施設があります。広々とした温泉で山の疲れをしっかり癒しましょう。宿のすぐ近くには榛名富士の登山口があります。

HIKING DATA

Harunasan 07

❶ 榛名湖バス停 → 40分 → ❷ 硯岩 → 50分 → ❸ 掃部ヶ岳 → 50分 → ❹ 杖の神の頭 → 10分 → ❺ 杖の神峠 → 1時間 → ❻ 記念公園入口バス停

Planning

1泊するなら榛名富士登山と組み合わせたいもの。高崎から榛名湖行きバスは1日に7本あり、アクセスは便利。初日に掃部ヶ岳に登って翌日榛名富士でも、逆に初日に榛名富士で足慣らしをして翌日掃部ヶ岳でもよいでしょう。

Access data

ゆき：上野駅から高崎線で1時間45分（1940円）、高崎駅下車。高崎駅から群馬バス1時間30分（1310円）、榛名湖バス停下車。

かえり：湖畔の宿記念公園入口バス停から徒歩10分で榛名湖バス停。榛名湖バス停から往路を戻る。

駐車場：榛名湖バス停から登山口までの間に4ヵ所。

トイレ

掃部ヶ岳登山口そばの車道沿い、湖畔の宿記念公園にあり。その他、榛名湖の湖畔に数ヶ所あり。

問い合わせ

高崎市役所榛名支所
 ☎ 027-374-5111
群馬バス榛名営業所
 ☎ 027-374-0711

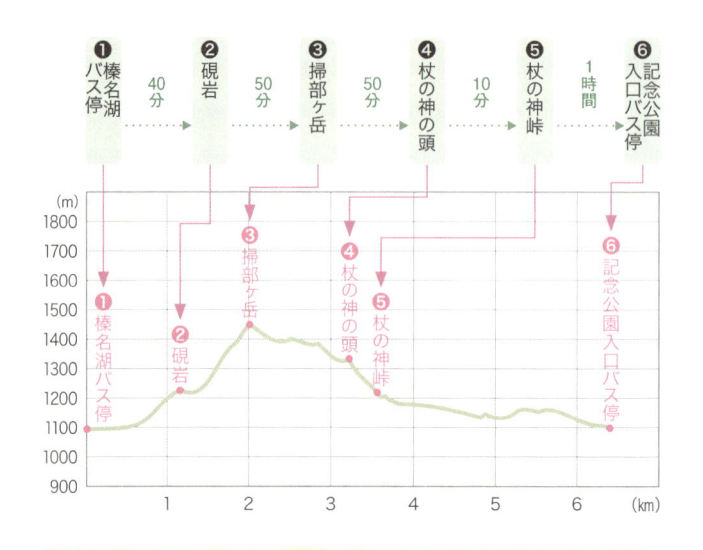

OTOMARI-YADO　お泊まり宿

榛名湖温泉ゆうすげ元湯

榛名湖の湖畔に建つ温泉ホテル。広々とした大浴場はガラス張りで明るく、なめらかな泉質の温泉を満喫できます。露天風呂もあります。客室は和室と洋室があり、すべての客室からは榛名湖を一望のもと。上州牛や上州麦豚など、群馬県の食材をふんだんに取り入れた食事も好評です。

群馬県高崎市榛名湖町 846-3
☎ 027-374-9211 ／ 1泊2食付 1万80円〜
※榛名湖バス停まで送迎あり

TACHIYORIDOKORO　立ち寄りどころ

榛名湖ロマンス亭

榛名湖の名産・ワカサギが味わえる食事どころ。揚げたてのワカサギのフライが乗ったワカサギ丼や、わかさぎフライ定食などが美味。

群馬県高崎市榛名湖町 848 ／ ☎ 027-374-9217 ／ 9:00〜17:00 ／ 不定休

国民宿舎 榛名吾妻荘

榛名湖の湖畔に建つ国民宿舎。榛名湖や榛名富士を望む展望風呂は日帰り入浴もできます。1泊2食付き8437円〜。

群馬県東吾妻町川戸 2654 ／ ☎ 027-374-9711 ／ 入浴 11:00〜19:00 ／ 500円

1:50,000
榛名山
Harunasan
0
1km
N
①榛名湖バス停
②硯岩
1251
③掃部ヶ岳
1449
④杖の神の頭
⑤杖の神峠
⑥記念公園入口バス停
←10分
↑30分
←50分
←50分
10分
1時間→
岩場、急な登り
急な登り
笹に覆われた道
耳岩
ここから林道
国民宿舎 榛名吾妻荘
湖畔の宿記念公園
竹久夢二アトリエ
榛名湖ロマンス亭
湖畔
天神峠
榛名山
榛名湖
榛名富士 1391
榛名富士登山口〜山頂 登り40分、下り25分
榛名湖温泉 ゆうすげ元湯
榛名高原
ビジターセンター
烏帽子岳 1363
鬢櫛山 1350
氷室山 1236
天目山 1303
東吾妻町
群馬県 高崎市
左の道路に入る
下りは杏ヶ岳方面へ。道が分かりにくい
伊香保温泉・渋川
高崎
中之条
安中
1300
1200
1100
WC
P
28
33

COLUMN 長く快適に歩くために

② 荷物をもっと軽く

ザックの容量が大きくなり、持ち物が増える分、荷物は重くなります。少しでもザックの重みを感じずに歩けるよう、工夫できることがあります。

背負い方

体に合ったザックを「正しく」背負うことで、肩や腰への負担を軽くすることができます。①ウェストベルトを腰骨を包み込む位置にセットし、しっかり締める。②背中にザックが沿うようにショルダーベルトを調節。③チェストベルトをバストトップの5cmぐらい上にセットし、きつくない程度に締める。山行中は、休憩後、歩き始める前ごとに①〜③の調節をします。

荷物の詰め方

「軽いものは下、重いものは上、体の近いところに」詰めることで、体に感じる重みを和らげることができます。行動中に使うことのない着替えや防寒具などの衣類はザックの下のほうに、行動食や水筒などは上のほうに詰めるとよいでしょう。財布や携帯電話など絶対に濡らしたくないものは、ジッパーつきのビニール袋に入れておくとよいでしょう。

物理的軽量化

ザックが軽く感じるようにするために、もっとも効率的なのは「物理的に軽くすること」なのは言うまでもありません。行動食のチョコレートは箱から出して持っていく、化粧水などは小さなボトルに入れたり、1回で使い切りのシートタイプにする、なるべく軽い道具を選ぶ、お友達にあげるためのおやつを持って行かない（笑）など、できる工夫を考えてみましょう。

·OTOMARI·
PART 2
·YURU-TOZAN·

山の中でゆったりお泊まり

深い山の中で過ごす一夜。
山々を染めていく夕陽や朝日、満天の星空は
山の中でこそ味わえる最高の喜びです。
温かいランプの灯り、薪ストーブの匂い、
ゆったり流れる山の時間がそこにあります。

三ノ塔の先からの眺め。表尾根、まだまだ長い道のりです。富士山も遠くにくっきりと

08
Tounodake

塔ノ岳

歩きごたえ十分、
展望の尾根歩き

DATA　とうのだけ
　　　　神奈川県秦野市
　　　　標高..................1491m
　　　　歩行時間.............7時間（2日間）
　　　　登山レベル..........岩場あり、経験が必要

　ヤビツ峠から塔ノ岳を目指す表尾根は、展望に優れた人気ルート。とはいえ距離も長く日帰りではかなりきついところ。山頂の山小屋に泊まれば、余裕の行程で山の眺めを楽しめます。
　ヤビツ峠から舗装道路を緩やかに下り、富士見峠を過ぎて登山道に取り付きます。はじめからちょっときつい登りが続きます。うっそうとした樹林の中を黙々と歩き続けると、1時間ほどで視界が開けてきます。二ノ塔に到着すると、前方に三ノ塔の姿が現れます。
　ここから尾根歩きの始まりです。激しくアップダウンをしながら、山頂に向かっていきます。かわいらしい三角屋根の休憩舎がある三ノ塔は、富士山の眺めが見事。富士山の左側は愛

PART2 山の中でゆったりお泊まり｜08 塔ノ岳 Tounodake

1 稜線に上がると富士山が飛び込んできました 2 大きな花が目を引くフジアザミ。丹沢に多く見られます 3 見えているのはどこの山かしら？ 4 マントをひるがえしたお地蔵様発見 5 岩場は鎖をつかんで慎重に下ります 6 山頂まではあと一息。小屋も見えてます 7 塔ノ岳山頂に到着しました 8 山頂から富士山、丹沢の山々を眺めて

鷹連峰、右は南アルプスの山々です。この先はずっと眺めがよく、目指す塔ノ岳を眺めながらの歩きとなります。烏尾山、行者岳、新大日…とピークをひとつひとつ確認しながら、進んでいきます。烏尾山と行者岳の間、高度感があってちょっと怖い岩場がありますが、ここは鎖も頼りつつ慎重に進みましょう。

木ノ又小屋を過ぎ、軽く下り切ると、いよいよ次のピークが塔ノ岳。しかし、見えてからが長いのです。急な登りを登り切ると、山頂に到着！大きく富士山が眺められます。海の眺めもすばらしく、江ノ島や三浦半島、さらにその向こうにはうっすらと房総半島も見えています。広々とした山頂でゆっくりしましょう。

下山は大倉尾根を下っていきます。はじめからかなり急で足場の悪い下りが続きます。眺めがよいのは戸沢分岐あたりまで。そこからは樹林帯の中をひたすら下っていきます。途中にいくつか山小屋や茶店があり、よい休憩ポイントになるはずです。

OTOMARI-YADO お泊まり宿

表尾根、大倉尾根にはいくつかの山小屋があり、もちろん宿泊できます。塔ノ岳山頂の尊仏山荘や、山頂近くの花立山荘、木ノ又小屋など、標高の高い山小屋は、山麓の夜景も楽しめておすすめ。

HIKING DATA

Tounodake 08

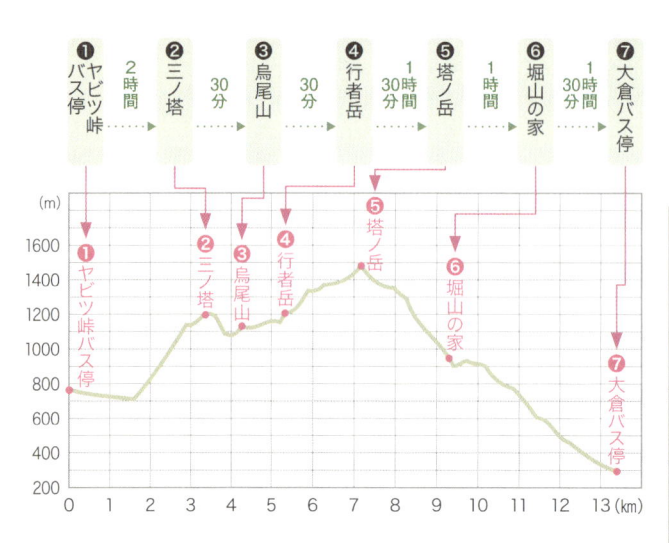

❶ ヤビツ峠バス停 — 2時間 → ❷ 三ノ塔 — 30分 → ❸ 烏尾山 — 30分 → ❹ 行者岳 — 1時間30分 → ❺ 塔ノ岳 — 1時間 → ❻ 堀山の家 — 1時間30分 → ❼ 大倉バス停

Planning

ヤビツ峠行きのバスは本数が非常に少ないので、グループなら秦野駅からタクシー利用が便利です。午前中早めにスタートし、昼過

OTOMARI-YADO　お泊まり宿

尊仏山荘

塔ノ岳の山頂に建つ山小屋。ロケーションのすばらしさは申し分なく、南西方面に開けたロビーからは、居ながらにして丹沢の山並みや富士山の眺めを満喫できます。夕食はじっくり煮込んで具がとけ込んだカレー、朝食は身体が温まるおでん定食。売店ではピンバッジのほかオリジナルのバンダナや手ぬぐいも販売しています。

☎ 090-2569-6013
1泊2食付 6500円

TACHIYORIDOKORO　立ち寄りどころ

堀山の家

大倉尾根の中腹に建つ、素朴なたたずまいの山小屋です。館内で休憩もでき（有料）ゆったりくつろげます。宿泊は1泊2食付 5000円。

☎ 090-3062-8636 ／
土・日曜営業

どんぐりハウス

大倉バス停前に建つ食堂兼売店。売店では秦野周辺の名産品などを販売しています。食堂ではうどんやカレーなどの軽食も味わえます。

神奈川県秦野市堀山下1487-1 ／ ☎ 0463-87-0021 ／ 9:00〜17:00 ／ 月曜休

ぎには小屋に着けるようにしたいものです。展望のよいルートなので晴天の日を狙いましょう。

ACCESS DATA

ゆき：新宿から小田急線急行で1時間15分（670円）秦野駅下車。神奈中バスで48分（480円）、ヤビツ峠下車。

かえり：大倉から神奈中バスで15分（210円）で渋沢駅へ。渋沢駅から小田急線急行1時間15分（670円）で新宿へ。

駐車場：ヤビツ峠、富士見峠（無料）、大倉（有料）にあり。

トイレ

ヤビツ峠、富士見峠、烏尾山山頂にあり。各山小屋のトイレは有料（100～200円）。

問い合わせ

秦野市役所
………☎ 0463-82-5111
湘南神奈交バス（秦野）
………☎ 0263-81-1803

PART 2 山の中でゆったりお泊まり 08 塔ノ岳 Tounodake

09 Kumotori yama

雲取山

富士山の展望がご褒美、東京都の最高峰

行きますよー！

DATA くもとりやま　東京都奥多摩町
標高.. 2017m
歩行時間................................... 9時間20分（2日間）
登山レベル .... 体力が必要。経験を積んだら

PART 2 山の中でゆったりお泊まり 09 雲取山 Kumotoriyama

雲取山の山頂。写真を撮ったり休憩したり、思い思いに時間を過ごしています

歩いてきた石尾根の稜線を見下ろして。
どこまでも続けて歩きたくなります

　標高2017m、東京都で最も高い山が雲取山。山頂は東京都と山梨県、埼玉県の3県の境にあり、東京都とはいっても、非常に奥深い山。山頂近くの山小屋に泊まり、頂を目指します。

　初日は鴨沢バス停をスタートして、雲取山荘まで。30分ほど歩き続けると舗装道路が終わり、針葉樹林の中に続く道を進みます。堂所のあたりから、樹林が広葉樹になってきます。木漏れ日がキラキラと輝き、ワクワクしてきます。少し岩が出て歩きにくいところもありますが、それほど急なところはありません。景色を楽しみながらゆっくり進めばいいのです。七ツ石小屋でゆっくり休憩していきましょう。

登山道脇にしいたけ？？

小屋の脇に広場もあります。

　七ツ石小屋からは少し手強くなってきます。七ツ石山を登ってもよいですが、かなりの急登。山頂を経由しない巻き道を進んでもよさそうです。ブナ坂まで出ると、眺めはずっとよくなります。目の前に雲取山へ続く稜線が現れ、歩くうちに西側の眺めが開けてきます。このコースの最も快適な場所。眺めのよさそうなところで休憩をとりましょう。アップダウンを繰り返しながら尾根道を山頂に向かいます。道の両側にはカラマツの林が続いています。ところどころに巻き道がありますが、ピークをしっかり上り下りしても、さっくり巻いてもかまいません。小雲取山への登りはかなり急。頑張りどころです。

PART2 山の中でゆったりお泊まり | 09 雲取山 Kumotoriyama

1 水場がありました。水が冷たい！ 2 広葉樹林の中で休憩。森の一部になってしまいそうです 3 中腹は紅葉がきれいでした 4 歩きやすくて快適な道が続きます 5 雲取山の避難小屋が見えました 6 雲取山荘、2階の客室から眺める朝日 7 シラビソの林の中の道 8 雲取山山頂からは富士山がきれいに眺められます

優しい言葉に心が和みます

　小雲取山（こくもとりやま）を過ぎると、雲取山山頂への道と雲取山荘への道が分岐するので、今日は雲取山荘方面へ。今までの景色とがらりと変わり、シラビソの茂る静かな森を進みます。高低差はほとんどないのですが、木の根が出ていて足場の悪いところもあるので注意して。分岐から40分ほどで、赤い屋根の雲取山荘に到着します。

　翌日は小屋で御来光を眺めてから出発。シラビソと苔の森をゆっくり進んで山頂に向かいます。広々とした山頂からは360度の大展望。目の前にそびえる大きな富士山は感動ものです。奥多摩の山々の先には、天気に恵まれれば南・中央・北アルプスまで眺められます。山名板で山の名前をチェックしたりして、ゆっくり時間をとって景色を楽しみましょう。下山は雲取避難小屋方面にいったん下り、登って来た尾根に合流して、来た道を下ります。

OTOMARI-YADO お泊まり宿

雲取山の山頂直下にある雲取山荘は、1泊2日で山を楽しむのに最適。鴨沢バス停の先、お祭バス停から登ると温泉のある山小屋・三条の湯もあります。今回のルート上にある奥多摩小屋、七ツ石小屋は素泊まりのみ対応の小屋です。

HIKING DATA

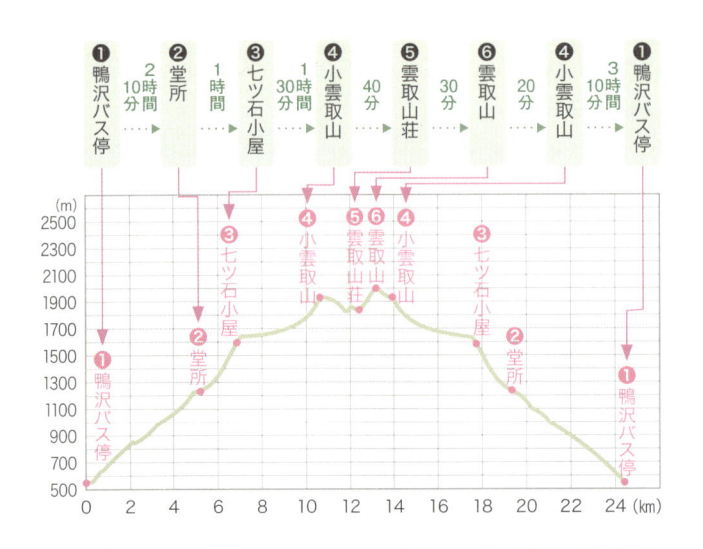

Kumotoriyama 09

❶鴨沢バス停 →(2時間10分)→ ❷堂所 →(1時間)→ ❸七ツ石小屋 →(1時間30分)→ ❹小雲取山 →(40分)→ ❺雲取山荘 →(30分)→ ❻雲取山 →(20分)→ ❹小雲取山 →(3時間10分)→ ❶鴨沢バス停

Planning

鴨沢方面に行くバスは1時間に1本程度。初日も行程が長いので、遅くとも8時台のバスに乗ります。翌日は宿で御来光を見てから山頂に登り、下山を。2日目の天気がよくなさそうなら、初日に登頂してから山荘に向かってもよいでしょう。

Access data

ゆき：JR中央線快速、青梅線で2時間15分（1080円）、奥多摩駅下車。西東京バスで35分（630円）、鴨沢下車。
かえり：往路を戻る。
駐車場：鴨沢バス停付近に10台程度、小袖バス停付近、小袖乗越にもあり。

トイレ

鴨沢バス停、各山小屋・避難小屋にあり。

問い合わせ

奥多摩町役場
............☎ 0428-83-2111
西東京バス（氷川）
............☎ 0428-83-2126

OTOMARI-YADO　お泊まり宿

雲取山荘

雲取山山頂から30分のところにある、200名収容の大きな山小屋。心地よい個室風の客室でゆったり過ごせます。寒い時期は部屋にマメタンのこたつが置かれているのもうれしい限り。ボリュームたっぷりの食事は、ご飯のおかわりもできます。東側が開けたロケーションで、小屋の前から朝日を眺めることもできます。

☎ 0494-23-3338
1泊2食付 7500円（2014年3月現在）

TACHIYORIDOKORO　立ち寄りどころ

寿々喜家

和・洋・中なんでもおいしい町の食堂。奥多摩やまめや東京X（豚肉）など地元食材を使った料理も味わえます。奥多摩駅から徒歩2分。

東京都奥多摩町氷川199-7／☎ 0428-83-2401／11:00～19:00／水曜休

奥多摩温泉もえぎの湯

多摩川を望む天風呂や、木々の眺めに癒されるガラス張りの内湯が快適です。奥多摩駅から徒歩10分。

東京都奥多摩町氷川119-1／☎ 0428-82-7770／9:30～20:00（変動あり）／月曜休／2時間まで 780円

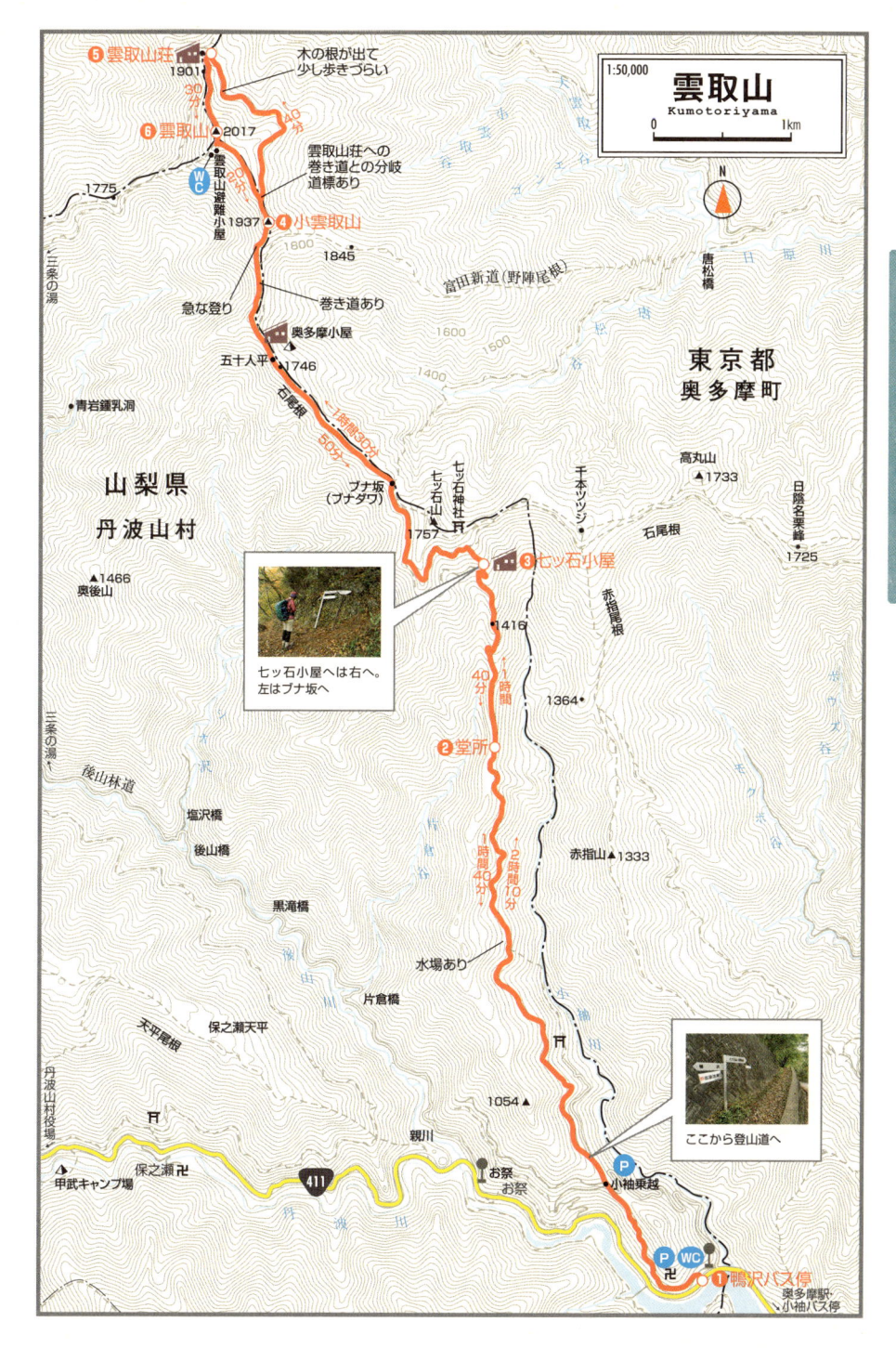

雲取山

1:50,000　Kumotoriyama　0　1km

PART 2 山の中でゆったりお泊まり　09　雲取山

- ⑤ 雲取山荘　1901
- 木の根が出て少し歩きづらい
- ⑥ 雲取山　▲2017
- 雲取山荘への巻き道との分岐道標あり
- 雲取山避難小屋
- ④ 小雲取山　1937
- 急な登り
- 1845
- 富田新道(野陣尾根)
- 巻き道あり
- 奥多摩小屋　1746
- 五十人平
- 東京都 奥多摩町
- 青岩鍾乳洞
- 山梨県 丹波山村
- 高丸山　1733
- 石尾根
- ブナ坂(ブナダワ) 1757
- 七ッ石神社
- 七ッ石山
- 千本ツツジ
- ▲1466
- 奥後山
- 七ッ石小屋へは右へ。左はブナ坂へ
- ③ 七ッ石小屋
- 1416
- 日陰名栗峰　1725
- 赤指尾根
- ② 堂所
- 1364
- 後山林道
- 塩沢橋
- 後山橋
- 黒滝橋
- 赤指山　▲1333
- 水場あり
- 片倉橋
- 天平尾根
- 保之瀬天平
- 1054▲
- ここから登山道へ
- 丹波山村役場
- 親川
- お祭
- 甲武キャンプ場
- 保之瀬
- 411
- P 小袖乗越
- P WC
- ① 鴨沢バス停 奥多摩駅 小袖バス停

063

大菩薩峠からは周りの山々を眺めながらの
伸びやかな稜線歩きです

10
Daibosatsurei

大菩薩嶺

南アルプスの山々を
望む心地よい尾根歩き

DATA
だいぼさつれい
山梨県甲州市
標高................ 2057m
歩行時間............ 3時間45分（2日間）
登山レベル........ 慣れてきたら

　スタートは上日川峠(かみにっかわとうげ)から。はじめは車道と並行している登山道を歩いていきます。ミズナラやブナ、カエデが茂る樹林帯の中、広くて緩やかな道が続いています。福ちゃん荘からは右に続く広い道を進み、大菩薩峠へ向かいます。勝縁荘の建物を過ぎると、傾斜が少しずつ急になります。あまり眺望のきかない道ですが、ゆっくり、確実に進みましょう。標高が上がるにつれて、周りの木々がナナカマドやダケカンバなどに変わっていきます。

　空が近くなり展望が開けてくるとほどなく、介山荘(かいざんそう)の建つ大菩薩峠に到着です。大きな石碑や山名盤があり、思い思いにくつろぐ人で賑わいます。ここからはゴロゴロした石や少し滑り

PART2 山の中でゆったりお泊まり | 10 大菩薩嶺 Daibosatsurei

1 上日川峠からスタート　2 木漏れ日が心地よい樹林　3 ブランコこいじゃいました！　4 クモの巣に水滴がついてアートのよう　5 大菩薩峠に到着！　6 どんな山が見えるのかな？　7 ちょっと険しい岩場歩きもあります　8 大菩薩嶺に到着。樹林に囲まれた静かな山頂です　9 木の幹がきれいな衣装をまとっていました

やすいザラザラした砂地の道。荒涼とした雰囲気の賽の河原を過ぎ、さらに進むと快適な尾根歩きの始まりです。このルートのハイライト、景色を楽しみながらのんびり歩きましょう。周りをさえぎる木々はなく、なだらかな草原の斜面が続きます。夏には可憐な花もあちこちで見られます。ところどころに岩場があり、手足を使ってよじ登るのもいいアクセント。

　雷岩から大菩薩嶺までは10分ほど。今までの明るく伸びやかな尾根とは全く違う、深く静かな樹林を進むと、突然道標の建つ山頂に到着。残念ながら見晴らしはよくありません。休憩をするなら、見晴らしのいい雷岩まで戻ってからがよさそうです。雷岩からは唐松尾根を下ります。はじめは急な下り道。浮き石も多くなかなか気が抜けません。しばらく進むとなだらかな歩きやすい道になりますが、道のりはまだまだ続きます。疲れたな…と思ったころに福ちゃん荘のある分岐に到着。あとは来た道を戻り、上日川峠に向かいます。

OTOMARI-YADO お泊まり宿

大菩薩嶺はいくつかの登山ルートがあり、それぞれに山小屋がありますが、今回は大菩薩峠に建つ介山荘に泊まります。朝焼けに染まる大きな富士山は、ここに泊まった人にしか味わえない絶景です。

065

HIKING DATA

Daibosatsurei 10

❶上日川バス停 —20分→ ❷福ちゃん荘 —1時間→ ❸大菩薩峠 —1時間→ ❹雷岩 —10分→ ❺大菩薩嶺 —10分→ ❹雷岩 —50分→ ❷福ちゃん荘 —15分→ ❶上日川バス停

Planning

初日は上日川峠から大菩薩峠まで登って1泊。行程は短いですが、昼前にはスタートしておきたいものです。翌日は小屋前で御来光を楽しんでから歩き始めましょう。ちなみに上日川峠行きバスは12月～4月中旬は運休します。

Access data

ゆき：新宿駅からJR中央本線快速1時間55分（1940円）、甲斐大和駅下車。甲斐大和駅から栄和交通バス40分（1000円）、上日川峠下車。

かえり：往路を戻る。

駐車場：上日川峠に約60台。

トイレ

上日川峠、福ちゃん荘、大菩薩峠にあり。

問い合わせ

甲州市役所
☎ 0553-32-2111
栄和交通
☎ 0553-26-2344

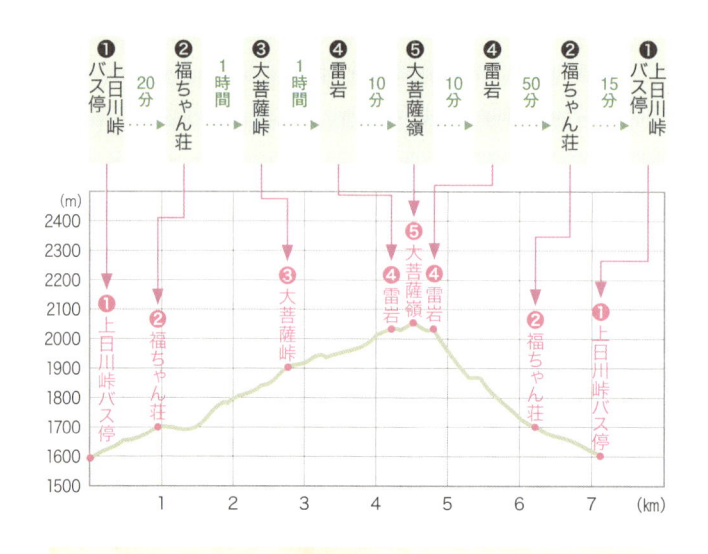

OTOMARI-YADO お泊まり宿

介山荘

大菩薩峠に建つ山小屋。小屋の名前は、小説「大菩薩峠」の著者である中里介山に由来しています。アットホームな雰囲気と、ボリュームたっぷりの食事が宿泊者に好評です。売店では大菩薩嶺のピンバッジをはじめシャツやマグカップなど、オリジナルのおみやげも多く販売しています。

☎ 090-3147-5424 ／ 1泊2食付7000円（10/21～4/20は＋500円）※12～3月は年末年始、週末のみ営業、要予約

TACHIYORIDOKORO 立ち寄りどころ

福ちゃん荘

唐松尾根との分岐点に建つ山小屋。食堂では、うどん、そばのほか、注文を受けてから煮込むアツアツのほうとうが名物。1泊2食付6700円～。

☎ 090-3147-9215 ／食堂 8:30～16:00（季節により変動あり）

大菩薩の湯

温泉の日帰り入浴施設。大浴場や露天風呂などがあります。大菩薩登山口バス停から徒歩10分。

山梨県甲州市塩山上小田原730-1
☎ 0553-32-4126 ／ 10:00～19:00 ／火曜休／3時間以内600円

大菩薩嶺
Daibosatsurei

1:25,000

霧が深いと迷いやすい広場

丹波山村

天狗棚山 ▲1957

妙見ノ頭

賽の河原（旧大菩薩峠）

避難小屋

親不知ノ頭

③ 大菩薩峠 介山荘 WC

熊沢山

④ 雷岩

⑤ 大菩薩嶺 ▲2057

海誉部成岩

勝縁荘

富士見山荘

② 福ちゃん荘 WC

登山道と車道が並行している

ロッヂ長兵衛

① 上日川峠バス停 WC P

山梨県 甲州市

急な下り

丸川峠 丸川荘

第一展望台

201

218

→ 甲斐大和駅

↑ 裂石登山口
↑ 裂石・大菩薩の湯・塩山駅

PART 2
山の中でゆったりお泊まり
10 大菩薩嶺 Daibosatsurei

北横岳南峰からの眺め。北八ヶ岳から南八ヶ岳へと山々が連なっているのが分かります

11
Kitayokodake

北横岳

針葉樹林の先に
日本アルプスの展望台

DATA
きたよこだけ
長野県茅野市
標高............... 2480m
歩行時間............ 5時間25分(2日間)
登山レベル......... 慣れてきたら

　山頂近くまでロープウェイでアクセスできる北横岳。山で一夜を過ごしてみたい、というお泊まり山初心者さんにおすすめの山です。山小屋で過ごしたいから山に登る、そんな楽しみ方があってもいいと思います。
　まずはロープウェイ山頂駅から北横岳に向かいます。坪庭(つぼにわ)探勝路を通り、途中から北横岳への登山道に取り付きます。しっとりとした針葉樹の林の中を歩いていきます。やや急な登りのあと、眺めがよくなると、ほどなく北横岳ヒュッテへ。ここから山頂までは20分ほど。山頂は八ヶ岳の山々や南アルプス、さらには中央、北アルプスまで眺められる絶好の展望ポイントです。ゆっくり休んで景色を楽しんで。

PART2 山の中でゆったりお泊まり　11 北横岳 Kitayokodake

1 ロープウェイを降りるとキツツキがお出迎え　2 自然が作り出した日本庭園・坪庭　3 北横岳への登り　4 北横岳北峰からは蓼科山がひときわ大きく　5 緑の木々と立ち枯れた木が縞模様を作り出す縞枯現象　6 縞枯山荘の栗ぜんざい　7 縞枯山の山頂　8 眺め抜群の茶臼山展望台　9 森林浴展望台。天気がよければ日本アルプスの眺めも

　坪庭探勝路の分岐まで戻り、坪庭をめぐります。溶岩と背の低いハイマツ、シラビソがまるで日本庭園のような趣を作り出しています。木の階段を下り切り、左に進むとほどなく縞枯山荘の建物が現れます。
　山荘から続く道を少し進むと、雨池峠。ここから縞枯山へ登ります。うっそうとした針葉樹の中、はじめからかなり急な登りです。頂上直下はさらに急で足場が悪くなりますから十分注意して。登り切ると、白く立ち枯れた木々に囲まれた縞枯山の山頂に到着。さらにアップダウンを繰り返しながら茶臼山へ。茶臼山の山頂自体は展望があまりよくないので、展望台まで足を延ばしましょう。南八ヶ岳の険しい山々が間近に眺められます。
　茶臼山から少し戻り、五辻への分岐に従って進みますが、道が少し分かりにくいところがあります。山道が突き当たったら右へ。途中の森林浴展望台などで景色を楽しみながら、山頂駅に向かいます。

OTOMARI-YADO　お泊まり宿

雨池峠近くに縞枯山荘、北横岳の直下に北横岳ヒュッテ、2軒の山小屋があります。いずれも素朴でアットホームな山小屋です。通年営業ですが休業のこともあるので宿泊のときは必ず予約を。

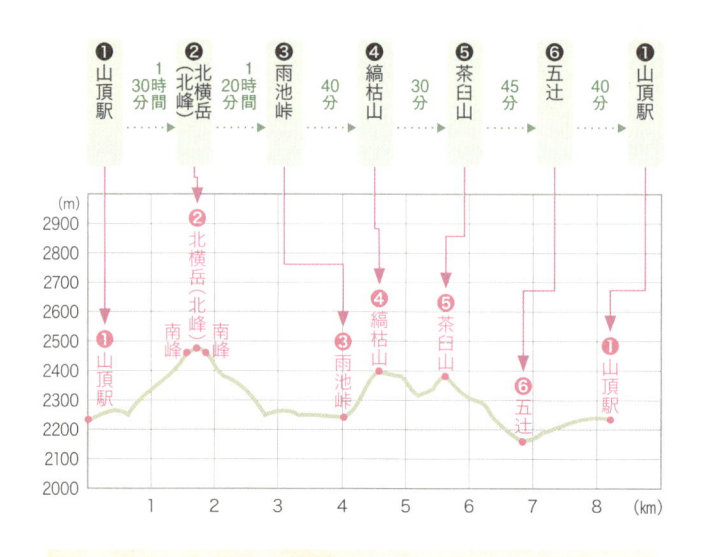

HIKING DATA

Kitayokodake 11

❶山頂駅 ―1時間30分→ ❷北横岳(北峰) ―1時間20分→ ❸雨池峠 ―40分→ ❹縞枯山 ―30分→ ❺茶臼山 ―45分→ ❻五辻 ―40分→ ❶山頂駅

Planning

朝一番の特急とバスを乗り継ぎ、初日は北横岳を往復して小屋に泊まり、2日目に縞枯山方面へ周遊するとよいでしょう。たっぷり歩きたいなら、茶臼山から麦草峠まで足を延ばして山頂駅に戻る、ロング周遊ルートもおすすめです。

Access data

ゆき：新宿駅からJR中央本線特急で2時間10分（指定席6350円）、茅野駅下車。茅野駅からアルピコ交通バスで55分（1250円）、北八ヶ岳ロープウェイ下車。山頂駅へはロープウェイで約7分（往復1800円）。
かえり：往路を戻る。
駐車場：ロープウェイ山麓駅に800台。

トイレ

ロープウェイ山麓・山頂駅にあり。山小屋のトイレは有料（100円）。

問い合わせ

茅野市役所
……☎ 0266-72-2101
アルピコ交通（茅野駅前）
……☎ 0266-72-2151
北八ヶ岳リゾート（ロープウェイ）
……☎ 0266-67-2009

OTOMARI-YADO　お泊まり宿

縞枯山荘

北八ヶ岳ロープウェイ山頂駅から徒歩15分ほど、草原の中に建つ山小屋。メルヘンチックな青いとんがり屋根の建物が目印です。館内にはレトロな雰囲気、あかあかと燃える暖かい薪ストーブや、オレンジ色のランプの灯りに心がなごみます。夏は外のテラスでお茶をしながら山々を眺めてのんびりするのも心地よいです。

☎ 0266-67-5100 ／ 1泊2食付 8000円 通年営業（不定休あり） ／ 個室あり（追加料金 1部屋 3000～4000円）、要予約

TACHIYORIDOKORO　立ち寄りどころ

北八ヶ岳ロープウェイ山麓駅

山小屋風の建物。2階にレストランと売店があります。レストランは信州そばやソースカツ丼など信州グルメのメニューも豊富です。

長野県茅野市北山4035 ☎ 0266-67-2009 ／ 8:00～17:00 ／ 無休

モン蓼科

茅野駅の駅ビル「ベルビア」の2階にあるレストラン。ボリュームたっぷりの和食から洋食、さらには喫茶メニューも充実しています。

長野県茅野市ちの3502-1 ☎ 0266-73-0100 ／ 10:00～19:00 ／ 木曜休

1:25,000
北横岳
Kitayokodake
0
500m
N
大岳
▲2382
北峰
2480
南峰
2472
七ツ池
❷北横岳
▲西峰
北横岳ヒュッテ
2400
佐久穂町
大石川林道
1時間20分
1時間30分
小さな道標あり
坪庭の散策路は
時計回りの一方通行
雨池山
2325
雨池
2100
2300
横岳神社
縞枯山荘
❶山頂駅
❸雨池峠
WC
北八ヶ岳ロープウェイ
2200
40分
2300
❹縞枯山
2403
ザラザラした砂地の急な登り
山麓駅
2100
40分
展望台
2387
30分
展望台の分岐
森林浴展望台
45分
2384
展望台まで片道3分
❺茶臼山
❻五辻
少し道が
分かりにくい
2000
長野県
茅野市
大石峠
1900
茶水ノ池
麦草峠
メルヘン街道
麦草ヒュッテ
八千穂駅
299
茅野駅

中山峠を過ぎ、絶景ポイントへ。左が東天狗、右が西天狗です

12
Tengudake

天狗岳

静かな針葉樹林を抜けて
展望の頂へ

DATA
てんぐだけ
長野県茅野市
標高.....................2640m（東天狗）
歩行時間..............7時間20分（2日間）
登山レベル..........岩場あり、経験が必要

　北八ヶ岳のたおやかさと南八ヶ岳の荒々しさを併せ持つ天狗岳。東天狗・西天狗とふたつのピークを持つ双耳峰です。
　歩き始めから急な斜面をジグザグと登ります。周りは静かなシラビソの林、下を見れば苔がびっしりと生え、曇り空のときはとくに幻想的な雰囲気。急な登りを詰めていくと八方台分岐。ここからは少し傾斜が緩やかになります。
　唐沢鉱泉との分岐を過ぎると、道の雰囲気が変わります。大きな岩がゴロゴロと連なるなかを、アスレチックのように進んでいくところや、木や鉄のはしごを歩くところもあり、気が抜けません。さらに急な道を登り、ほどなく黒百合平に到着。黒百合ヒュッテのかわいらしい建物

PART2 山の中でゆったりお泊まり 12 天狗岳 Tenguadake

1 いざ天狗岳へ！いってきま〜す 2 しっとりと苔むした針葉樹林の登りが続きます 3 林床には天然のアートがあちこちに 4 お待ちかねの黒百合ヒュッテに到着！ 5 頂上近くはちょっとした岩登りもあります 6 東天狗山頂！ シンプルな道標と記念撮影 7 西天狗へ。後ろに見えているのが東天狗です 8 西天狗も登りましたよ！

が出迎えてくれます。今日はここで1泊。

　黒百合平から平坦な木道を進むと中山峠へ。さらにひと登りすると、一気に眺望が開け、目の前に東天狗・西天狗がその姿を現します。振り返ると、緑と白のしましまの斜面の山が見えてきます。北八ヶ岳で多く見られる縞枯（しまがれ）現象です。ここからはかなり急な登り。大きな岩を手足を使ってよじ登っていきます。分岐を過ぎ、さらに岩の登りが続きます。空に続く岩場を頑張って登り切ると、さらにその先に東天狗のピークが現れます。平坦な道をひと頑張りで山頂に到着。硫黄岳の荒々しい岩肌や赤岳、阿弥陀岳（あみだだけ）のきれいな山姿が印象的です。日本アルプスの山々、北信の山々まで一望に見渡せます。

余裕があれば、西天狗を往復しましょう。

　黒百合平までは、天狗ノ奥庭を通っていきましょう。少し登り返すことになりますが、ゴツゴツとした黒い岩とハイマツ、シラビソの木々が日本庭園のようで、見応えがあります。黒百合平からは来た道を戻り渋の湯へ向かいます。

OTOMARI-YADO お泊まり宿

黒百合平に黒百合ヒュッテがあります。個室利用もできる（有料）ので、山小屋初心者でも泊まりやすい宿です。北八ヶ岳は快適に過ごせる山小屋が多く、小屋泊まり初心者におすすめの山域です。

073

HIKING DATA

Tengudake 12

行程図：
① 渋の湯バス停 →(30分) ② 唐沢鉱泉分岐 →(1時間) ③ 黒百合ヒュッテ →(5分) ④ 中山峠 →(1時間20分) ⑤ 東天狗 →(20分) ⑥ 西天狗 →(1時間20分) ③ 黒百合ヒュッテ →(1時間45分) ① 渋の湯バス停

Planning

初日は渋の湯から黒百合ヒュッテまで。小屋でゆっくり過ごして翌日の登頂に備えましょう。翌日は最低限の荷物（雨具や行動食など必ず持参！）で山頂を周遊。荷物をピックアップして下山します。

Access data

ゆき：新宿駅からJR中央本線特急で2時間10分（指定席6350円）、茅野駅下車。アルピコ交通バスで1時間（1150円）、渋の湯下車。

かえり：往路を戻る。

駐車場：渋の湯前にあり（有料）。

トイレ

渋の湯バス停前、黒百合ヒュッテにあり。ヒュッテのトイレは有料。

問い合わせ

茅野市役所
………☎ 0266-72-2101
アルピコ交通（茅野駅前）
………☎ 0266-72-2151

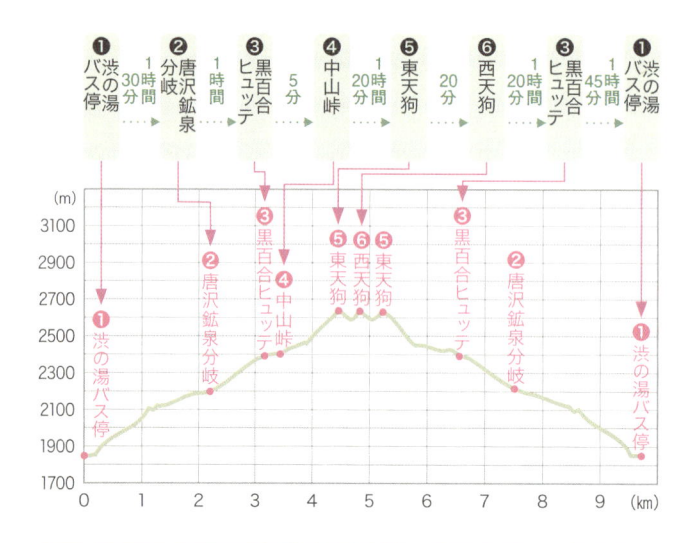

OTOMARI-YADO お泊まり宿

黒百合ヒュッテ

黒百合平に建つ山小屋。山小屋のイメージがぴったりくる、木造の建物です。館内はランプの灯りで暖かな雰囲気。居心地のよい空間で快適に過ごせます。部屋は個室と大部屋があります。不定期で山小屋コンサートも開催していて、ステキな音楽が山の一夜を忘れられないものにしてくれるはずです。

☎ 0266-72-3613（予約）／☎ 090-2533-0620（小屋直通）／1泊2食付 8000円〜、個室あり（追加料金1人1000円）

TACHIYORIDOKORO 立ち寄りどころ

渋御殿湯

標高1880mに建つ山の秘湯の宿。浴室は木造でレトロな雰囲気です。アツアツの硫黄泉は身体がよく温まります。1泊2食付 8640円〜。

長野県茅野市奥蓼科温泉／☎ 0266-67-2733／入浴 10:00〜15:00／800円

呉竹房

茅野駅から車で20分、ビーナスライン沿いにあるそばと寿司の店。蓼科産のそば粉を使った手打ちそばや江戸前の寿司が味わえます。

長野県茅野市米沢北大塩3082-1／☎ 0266-72-6701／10:30〜24:00／無休

天狗岳 Tengudake

1:25,000

PART 2 山の中でゆったりお泊まり | 12 天狗岳 Tengudake

13 Nasudake

那須岳

那須火山の恵み、山の秘湯を訪ねる

ばんざーい！

AM 10:30

狛犬さんとツーショット

Start ♥

まだまだ長い山の秘湯への道のりです

DATA　なすだけ　栃木県那須町
標高................................1915m（茶臼岳）
歩行時間........................6時間10分（2日間）
登山レベル....................慣れてきたら

PART 2 山の中でゆったりお泊まり
13 那須岳 Nasudake

隠居倉に到着したよ〜

PM 0:30

湯気がもくもく まさに火山の恵みですね〜

いい眺めの中で食べるおやつたまりません！

AM 11:00

PM 2:00

Finish !

1 朝日岳、剣ヶ峰の荒々しい山容　2 峰の茶屋避難小屋へ。このあたりは風の通り道です　3 峰の茶屋から朝日岳方面へ。山がどんどん迫ってきます　4 朝日岳への道は岩場も多くてちょっと緊張　5 朝日岳の山頂に到着！展望もすばらしい！　6 隠居倉でひと休み。福島方面の山々も見渡せます　7 三斗小屋温泉の源泉。ゴールはもう間近です　8 三斗小屋温泉・煙草屋旅館に到着しました　9 絶景の露天風呂。混浴ですが女性専用タイムもあります　10 茶臼岳への道。岩っぽくて歩きにくいところも　11 茶臼岳山頂に到着

077

剣ヶ峰の巻き道から朝日岳方面の眺め。鋭い岩の峰がかっこいいです

歩かなければたどり着けない山の秘湯、三斗小屋温泉。那須岳の中腹に湧く、温泉好きも山好きも憧れる温泉です。ちなみに那須岳は茶臼岳や三本槍岳などいくつかの山の総称です。

ロープウェイ山麓駅から、道標に従って登山道に取り付きます。木々の背が低くなり、空が開けてくるとほどなく、森林限界となり見晴らしが開けます。左手にまん丸い山姿の茶臼岳、右手の尖った山々は朝日岳です。道は岩場になり、ところどころ鎖のついた道を、山の斜面を横切るように進みます。峰の茶屋避難小屋前で休憩していきましょう。このあたりは風が強い場所。突風には十分注意します。

自然解説の看板です

峰の茶屋から朝日岳方面に向かいます。左手の山(剣ヶ峰)の右側の斜面を巻くように進み、朝日岳の岩峰に取り付きます。岩場には鎖が取り付けられていますが、少し足場の悪いところもあります。慎重に進みましょう。朝日の肩から朝日岳の山頂までは、急な岩場を登って5分ほど。山頂からは目の前に茶臼岳が大きく眺められ、関東平野も一望のもとです。

朝日の肩まで戻ったら、少し登り返して熊見曽根へ。さらに三斗小屋温泉方面に進みます。初めに少し切れ落ちて悪い箇所がありますが、おおむねなだらかな道。眺めのよい快適な尾根歩きが続きます。広々とした隠居倉の山頂からは三本槍岳に続く稜線、さらにその先には飯豊

PART2 山の中でゆったりお泊まり 13 那須岳 Nasudake

熊見曽根から隠居倉方面へ、尾根が続いています。後ろには七面山、流石山などの稜線

寒い朝は木々に霜が

山など福島の山々も眺められて気分爽快！　隠居倉の下り始めはやや急なので注意して。下り切るとまもなく、右手に三斗小屋温泉の源泉があり、さらに緩やかに下ると温泉宿に到着します。

翌日は来た道を戻って峰の茶屋まで進み、峰の茶屋から茶臼岳を目指します。ザラザラした砂地の登りから、大きな岩をぬうように歩いていきます。少し分かりづらいところには、岩にペンキがつけられていますが、ガスで視界がきかないときは慎重に。茶臼岳のお鉢の肩に出たらお鉢を反時計回りに進んでいくと、小さな石の祠がある山頂に到着します。天気がよければ関東平野がきれいに見渡せ、平野から島のように浮かんでいる筑波山も見られます。

山頂からロープウェイ山頂駅までは30分ほどの道のり。噴煙をあげている地面を眺めつつ下っていきます。

OTOMARI-YADO お泊まり宿

那須岳周辺にはいくつもの温泉が湧きますが、三斗小屋温泉は車でアクセスができない、山の温泉。現在は煙草屋、大黒屋の2軒の旅館が建ちます。どちらも豊富な温泉と、昔ながらの山の宿の風情が楽しめます。

HIKING DATA

Nasudake 13

① ロープウェイ山麓駅 → 50分 → ② 峰ノ茶屋 → 40分 → ③ 朝日岳 → 35分 → ④ 隠居倉 → 50分 → ⑤ 三斗小屋温泉 → 2時間5分 → ④ 隠居倉 → ② 峰ノ茶屋 → 40分 → ⑥ 茶白岳 → 30分 → ⑦ ロープウェイ山頂駅

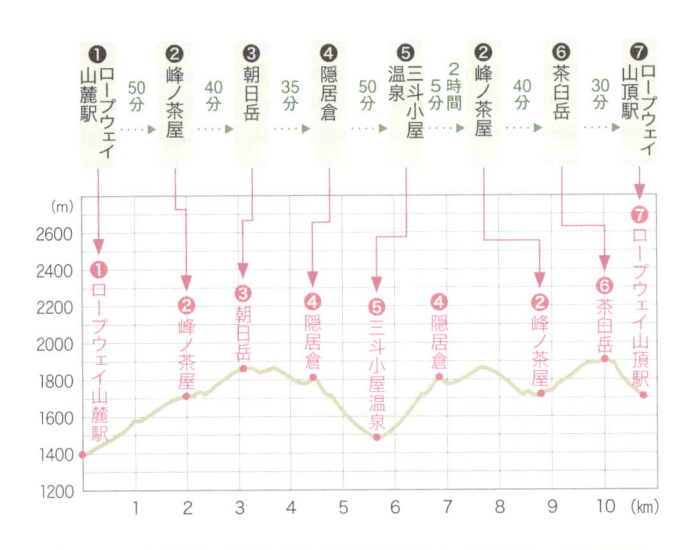

Planning

那須岳は、冬には完全な雪山になり、専用の装備が必要。ハイキングに適しているのは5月〜10月ごろで、ロープウェイも4月下旬〜11月の運行です。紅葉の見頃は10月上旬で、多くの登山者で賑わいます。

Access data

ゆき：上野駅からJR宇都宮線で約2時間30分（3020円）、黒磯駅下車。東北新幹線利用の場合は那須塩原駅で乗り換え、宇都宮線で5分の黒磯駅へ（指定席・計6130円）。東野バスで約1時間（1400円）、那須ロープウェイ下車。

かえり：山頂駅からロープウェイ約4分（670円）で山麓駅へ。山麓駅からは往路を戻る。

駐車場：那須ロープウェイ山麓駅、峠の茶屋下にあり（無料）。

トイレ

ロープウェイの各駅にあり。

問い合わせ

那須町役場
　　☎ 0287-72-6901
東野交通黒磯営業所
　　☎ 0287-62-0858
那須ロープウェイ
　　☎ 0287-76-2449

OTOMARI-YADO　お泊まり宿

煙草屋旅館

創業百数十年、三斗小屋温泉の温泉旅館。自慢の風呂は展望抜群の混浴露天風呂、混浴の内湯、女性専用の内湯の3種類があり、いずれも泉質が違う贅沢さ。混浴の風呂は女性専用タイムも設けられています。素朴な山の幸の夕食、朝食は、大広間でいただきます。客室は、混雑時以外は1グループで1部屋利用ができます。

☎ 0287-69-0882
1泊2食付 9000円
4月下旬〜11月営業、温泉あり

TACHIYORIDOKORO　立ち寄りどころ

那須の洋食 グリルシェフ

メニューはどれもボリューム満点。名物の手ごねハンバーグは、柔らかいハンバーグとじっくり煮込んだデミグラスソースの味わいが絶妙です。

栃木県那須町湯本440-3 ／ ☎ 0287-76-2231 ／ 10:00〜20:00 ／不定休

パン香房 ベル・フルール

那須高原の小麦粉など厳選された素材で作る手作りパンが豊富に揃う店。イートインスペースもあり。高湯入口バス停から徒歩5分。

栃木県那須町湯本494-15 ／ ☎ 0287-76-7008 ／ 9:00〜18:00 ／木曜休

那須岳
Nasudake
1:25,000
0
500m
N
1 ロープウェイ山麓駅
那須ロープウェイ
那須IC
17
2 峰ノ茶屋
3 朝日岳
1896
4 隠居倉
1819
5 三斗小屋温泉
6 茶臼岳
1915
7 ロープウェイ山頂駅
WC
P
中ノ茶屋跡
鬼面山
1616
剣ヶ峰
1799
熊見曽根
岩場、鎖場あり
避難小屋あり
源泉あり
大黒屋
煙草屋旅館
清水平
三本槍岳
牛ヶ首
姥ヶ平
ひょうたん池
栃木県
那須町
50分
40分
30分
25分
5分
10分
1時間
1800
1700
1600
1500
1400
1300
1200
ロープウェイ山頂駅への分岐

トマの耳とオキの耳の間から西側の眺め。つらなる尾根が新潟と群馬の県境です

14 Tanigawadake

谷川岳

険しい岩場の先にすばらしい展望の頂

　群馬県と新潟県の境にある谷川岳。ロープウェイやリフトもあり、一年を通じて多くの人で賑わう山です。

　谷川岳ロープウェイで10分間の空中散歩を楽しみ、天神平からスタート。道標に従って登山道へ。右手に山頂を眺めながら、なだらかな道を進みます。しばらく歩くと鎖がつけられた岩場が出てきます。天神平から1時間弱で熊穴沢避難小屋に到着。広くてきれいな小屋です。ゆっくり休んでいきましょう。

　ここから道は少しずつ険しく、急になっていきます。そのぶん、周りの山々の眺めも開けてきます。左手に続いている尾根は、新潟県と群馬県の県境。笹に覆われた青々とした山々が少しずつ近づいてきます。歩いているうちに、岩場がいくつも現れますが、落ち着いて進めば大丈夫。鎖も使いながら慎重に進みましょう。避難小屋から1時間ほどで大きな岩のある天狗の留まり場。眺めのよい岩の上で一息ついていくとよいでしょう。ザンゲ岩まで登ると、傾斜はだんだん緩やかに。階段状の道を進んでいくと、肩ノ小屋に到着します。

　谷川岳はトマの耳、オキの耳のふたつのピークを持つ双耳峰です。肩の小屋からトマの耳までは、なだらかな斜面を登って5分ほど。山頂からは谷川連峰の山々が間近に連なり、その向こうに上信越の山々が見渡せます。時間が許せば、その先のピーク・オキの耳まで足を延ばしましょう。トマの耳とオキの耳の間は、夏は高山植物のお花畑になるところ。ニッコウキスゲやクルマユリなどさまざまな花が斜面を彩ります。片道10分ほどですが、両側が鋭く切れ落ちているところもあるので十分注意して。

　帰りは来た道を戻り、天神平に向かいます。

PART2 山の中でゆったりお泊まり 14 谷川岳 Tanigawadake

DATA
たにがわだけ
群馬県みなかみ町
標高.................1977m
歩行時間...........4時間30分
登山レベル.........岩場あり、経験が必要

OTOMARI-YADO お泊まり宿

経験者なら日帰りでも十分歩ける山ですが、あえて山小屋に1泊をしてみると、そのぶん余裕を持って登山を楽しめます。山をピンク色に染めながら落ちて行く夕陽、そして山から登る朝日がステキ。

1 谷川岳ロープウェイ天神平駅　2 鎖のついた岩場が出てきました。慎重に！　3 山頂に向かってずっと登山道がついているのがわかります　4 谷川岳山頂（トマの耳）　5 前方に見えているピークがオキの耳。あちらも登山者で賑わっています　6 天狗の留まり場。天狗になった気分で一息

HIKING DATA

Tanigawadake 14

① 天神平 —50分— ② 熊穴沢避難小屋 —1時間30分— ③ 肩ノ小屋 —15分— ④ 谷川岳（オキの耳） —15分— ③ 肩ノ小屋 —1時間— ② 熊穴沢避難小屋 —40分— ① 天神平

標高グラフ：
- ① 天神平（約1300m）
- ② 熊穴沢避難小屋
- ③ 肩ノ小屋
- ④ 谷川岳（オキの耳）（約2000m）
- ③ 肩ノ小屋
- ② 熊穴沢避難小屋
- ① 天神平

縦軸（m）：1000〜2400
横軸（km）：1〜6

Planning

山小屋泊まりであれば、初日の行程は肩ノ小屋まで2時間半ほど。ですが、山の天気はとくに午後から変わりやすいもの。早めスタートで、昼過ぎには小屋に入りましょう。天気がよければそのまま山頂を往復してもよいのです。

Access data

ゆき：東京駅から上越新幹線で1時間20分（指定席5910円）、上毛高原駅下車。上毛高原駅から関越交通バスで45分（1140円）で谷川岳ロープウェイ下車。天神平駅へはロープウェイで15分（往復2060円）。

かえり：往路を戻る。

駐車場：谷川岳ロープウェイ山麓駅にあり（有料）。

トイレ

ロープウェイの各駅、肩ノ小屋にあり。

問い合わせ

みなかみ町役場
……… ☎ 0278-62-2111
関越交通バス（水上）
……… ☎ 0278-72-3135
谷川岳ロープウェイ
……… ☎ 0278-72-3575

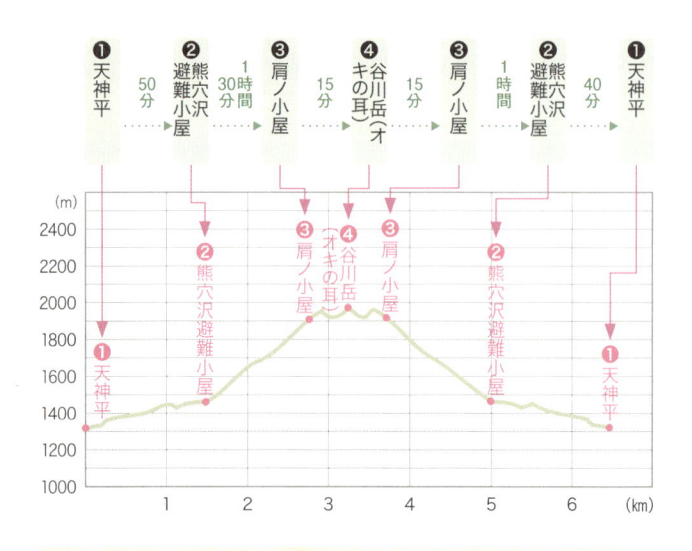

OTOMARI-YADO　お泊まり宿

肩ノ小屋

谷川岳の山頂からすぐのところにある山小屋。もともとは避難小屋でしたが、現在は冬以外は管理人さんが常駐し、食事付きの宿泊にも対応しています。寝具（寝袋やマットなど）を持参すると割安になります。ピンバッジなど、登山のよい記念になるお土産も販売しています。

☎ 090-3347-0802
1泊2食付 7000円
4月下旬〜11月上旬営業、要予約

TACHIYORIDOKORO　立ち寄りどころ

谷川岳ベースプラザ

谷川岳ロープウェイ山麓駅（土合口駅）の6階。谷川岳オリジナルグッズなどのお土産が豊富に揃う売店と、レストランがあります。

☎ 0278-72-3575
9:00〜17:00／無休

ダイニングたにがわ

群馬県産の肉や、旬の野菜を使った料理が味わえるレストラン。ボリュームたっぷりのランチ定食が好評です。水上駅から徒歩10分。

群馬県みなかみ町湯原759-1　☎ 0278-50-7073
11:30〜14:00、17:00〜22:00／水曜休

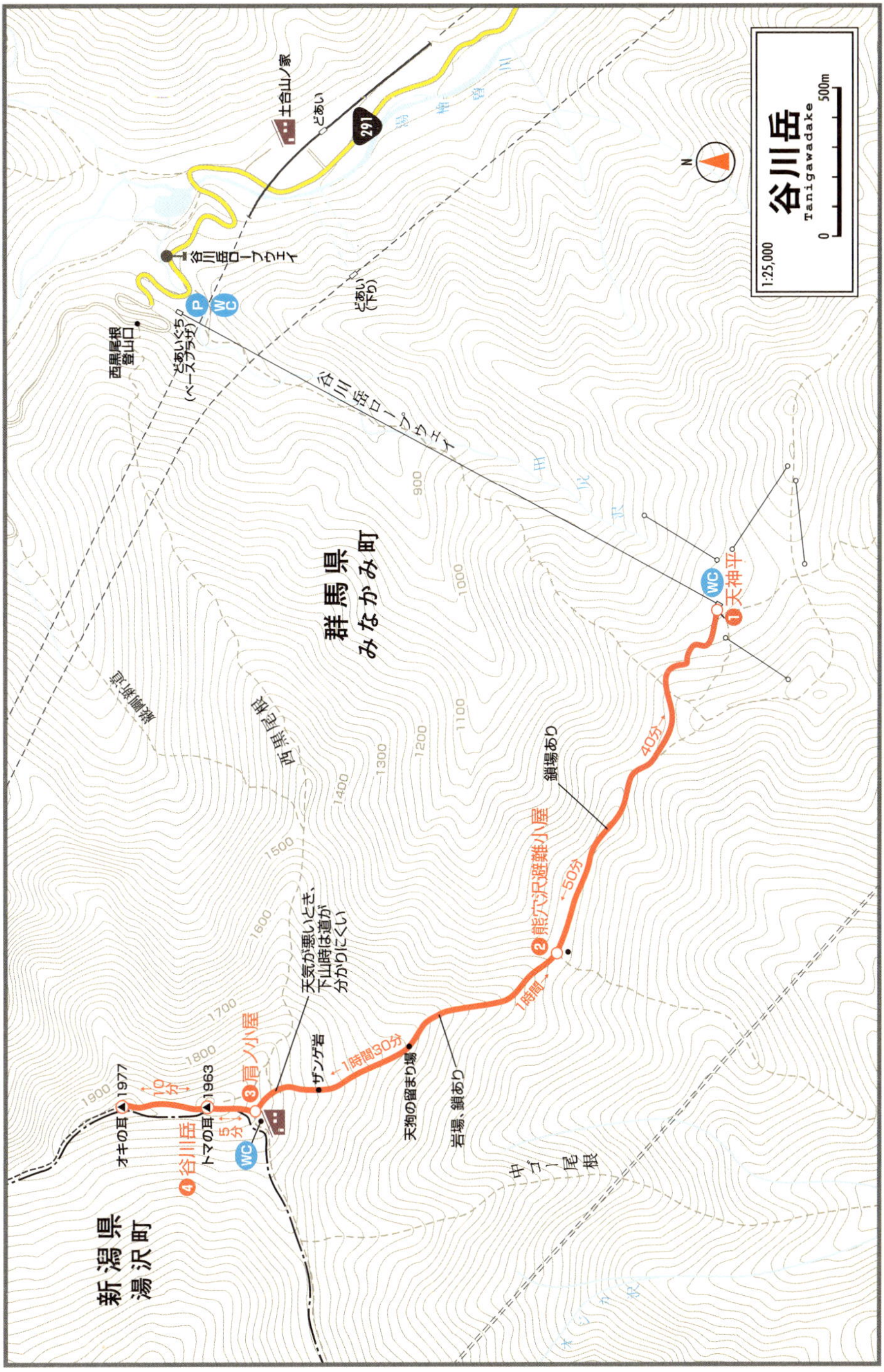
谷川岳
Tanigawadake
1:25,000
0
500m
N
土合山ノ家
どあい
291
谷川岳ロープウェイ
どあいぐち
(ベースプラザ)
西黒尾根
登山口
どあい
(下り)
群馬県
みなかみ町
新潟県
湯沢町
1 天神平
2 熊穴沢避難小屋
3 肩ノ小屋
4 谷川岳
40分
50分
1時間
1時間30分
10分
5分
鎖場あり
天気が悪いとき、
下山時は道が
わかりにくい
ザンゲ岩
天狗の留まり場
岩場、鎖あり
西黒尾根
中ゴー尾根
オキの耳 1977
トマの耳 1963
900
1000
1100
1200
1300
1400
1500
1600
1700
1800
1900

COLUMN 長く快適に歩くために

③ 行動食、何にする？

登山の行動食は、食べやすく、カロリーが高いことが大切。
お泊まり登山では、荷物になるからたくさんは持っていけません。
だからこそ効果的な行動食を選びたいですね。

ドライフルーツ
適度な甘みと酸味があり、行動食としては最強アイテムのひとつ。マンゴーやあんずなどが手に入れやすく、人気があります。細かく刻んだドライフルーツとナッツ、チョコレートがミックスしたものもおすすめ。

ミニようかん
食べ切りサイズのようかんは休憩ごとに食べるのに適しています。カロリーも高く、適度な水分があるので食べやすいです。

チョコレート
暑い時期は溶けてしまうので適しませんが、秋～春先の登山では行動食の定番です。アーモンドチョコレート、クランチチョコなど種類もさまざま。

ゼリードリンク
疲れて食べる意欲がなくなってしまったときでも食べやすい「行動食の最終兵器」。重量があるので、非常用に1つ持っていくぐらいがいいかも。

甘納豆
自然な甘みで、疲れていても食べやすい甘納豆。小分けになったバラエティパックは、味もいろいろで飽きません（標高の高い山では袋がパンパンに張ってしまうので注意）。

アメ、キャラメル
こまめなカロリー補給のためのお役立ち行動食。ザックのウェストベルトやジャケットのポケットに入れておくと、行動中に「ちょっとお腹がすいたなぁ」と思ったとき、すぐに口にできます。

PART 3
-OTOMARI-
-YURU-TOZAN-

下山後、温泉でほっこり

しっかり歩いて疲れた体を温泉にゆだね、
地元のおいしいものを味わって自分にご褒美！
心も体もリフレッシュできる「下山後温泉泊まり」。
たまにはプチ贅沢登山、してみませんか。
あまりに心地よくて、やみつきになりますよ。

明神ヶ岳山頂から東側を眺めて。相模湾の海岸線、小田原の町までくっきり見渡せます

15
Myojingatake

明神ヶ岳

海と山の絶景を一度に
楽しめる展望の山

DATA
みょうじんがたけ
神奈川県南足柄市・箱根町
標高.................... 1169m
歩行時間............ 4時間10分
登山レベル .... 慣れてきたら

　箱根は最高峰である神山や駒ヶ岳をぐるりと山々が取り囲み、箱根外輪山を形成しています。そのなかのひとつ、明神ヶ岳に道了尊から登ってみましょう。

　道了尊は600年もの歴史を誇る曹洞宗の古刹。静けさ漂う境内を歩き、看板に従って登山道に取り付きます。杉林の中に道が続いていますが、歩き始めからかなり急な登り。岩や木の根が出て歩きにくいところもあります。優しい顔の石仏が並んでいるところから道は少しなだらかになっていきます。どんどん進んでいくと見晴小屋。残念ながら木々が茂って今は見晴らしがよくありません。

　杉林を抜けて尾根道に出ると、道の両側にス

1 道了尊の参道 2 道ばたに12体の石仏が並んでいました 3 神明水。水が勢いよく流れています 4 ススキの原っぱ。振り返れば町並みが眼下に 5 明るい広葉樹の林がいい気持ち 6 明神ヶ岳からは金時山、その向こうに富士山も眺められるのですが… 7 山頂に到着！ 8 下山も気が抜けません 9 からまるツタがオブジェのよう

PART3 下山後、温泉宿でほっこり | 15 明神ヶ岳 Myojingatake

スキの原っぱが広がっています。カエデの木々も立ち、紅葉の時期は真っ赤に色づきます。ここからもずっと登りが続きます。やや急なところや、岩場っぽいところもあります。ふたつめの水場（明神水）を過ぎると、明るい広葉樹の林に。空が近く木漏れ日が心地よく感じます。さらに登っていくと宮城野方面からの道と合流し、山頂に到着。広々とした山頂からは富士山の姿がひときわ大きく、南東側には相模湾の海岸線がくっきりと見渡せます。がんばってきた登りが一気に報われるような大展望、ゆっくり休んで満喫していきましょう。

下山は来た道を少し戻り、分岐点に出たら道標に従って「宮城野」方面へ向かいます。はじめはハコネザサのトンネルを進み、ほどなくミズナラやカエデの明るい林に。別荘地に出てから、道がやや悪くなりますから足元には十分注意して。舗装道路に出たら道標を見落とさないようにしながらバス停に向かいます。

OTOMARI-YADO お泊まり宿

箱根湯本、仙石原など17の温泉郷がある箱根。宿の種類も多く、高級旅館からリーズナブルな宿までさまざまです。いずれも魅力は質のよい温泉。日帰りでも入浴できますが、泊まってゆっくり…がおすすめです！

HIKING DATA

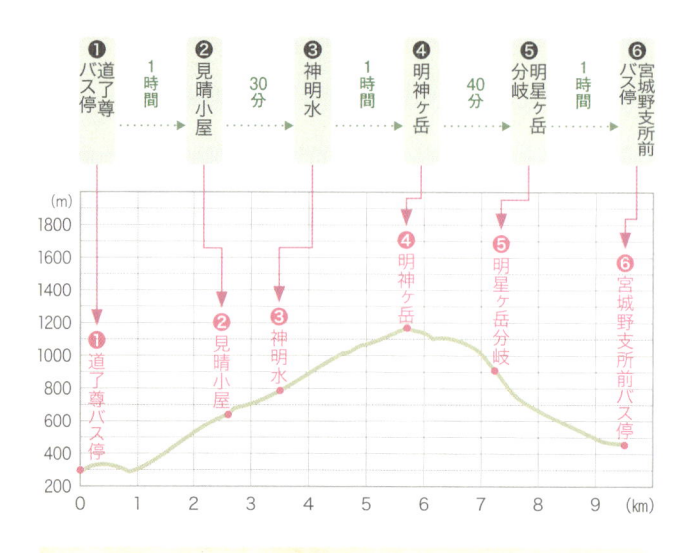

Myojingatake 15

行程:
❶ 道了尊バス停 → 1時間 → ❷ 見晴小屋 → 30分 → ❸ 神明水 → 1時間 → ❹ 明神ヶ岳 → 40分 → ❺ 明星ヶ岳分岐 → 1時間 → ❻ 宮城野支所前バス停

Planning

泊まった翌日は箱根観光を。仙石原・強羅周辺の美術館めぐりや、ロープウェイ、遊覧船などに乗る「乗り物の旅」も楽しみ。昔の人々の足跡をたどる箱根旧街道歩きもできますよ。もちろん帰りは日帰り入浴施設で温泉の入り納めを。

Access data

ゆき：新宿駅から小田急線急行1時間22分（780円）で新松田駅下車。箱根登山バスで17分（340円）、関本で伊豆箱根バスに乗り換え10分（270円）、道了尊バス停下車。

かえり：宮城野支所前バス停から箱根登山バス16分（540円）で箱根湯本へ。箱根湯本駅から新宿までは小田急線急行で1時間50分（1190円）。

駐車場：スタート・ゴール地点ともに登山者向けの駐車場なし。

トイレ

道了尊、宮城野支所前バス停にあり。

問い合わせ

箱根町総合観光案内所
　　　　☎ 0460-85-5700
南足柄市役所
　　　　☎ 0465-74-2111
箱根登山バス（新松田）
　　　　☎ 0465-83-4964
箱根登山バス（湯本）
　　　　☎ 0460-85-5583

お泊まり宿 OTOMARI-YADO

塔ノ沢　一の湯本館

木造4階建ての数寄屋造りの建物が目を引く、塔ノ沢温泉の老舗旅館。すべての部屋が早川渓谷に面していて、四季折々の箱根の自然を部屋に居ながらにして楽しめます。温泉の露天風呂付き和室もあります。男女別の内湯と、貸切家族風呂で温泉を満喫したら、夕食は創作和食をレストランでいただきます。

神奈川県足柄下郡箱根町塔ノ沢90／☎ 0460-85-5334／1泊2食付 8790円～／箱根登山バス上塔ノ沢から徒歩1分

立ち寄りどころ TACHIYORIDOKORO

丸嶋本店

箱根湯本駅前に建つ温泉饅頭の店。名物の「箱根温泉饅頭」はほどよい甘みと大きさでいくつも食べたくなってしまう逸品です。

神奈川県箱根町湯本706／☎ 0460-85-5031／8:30～18:00／無休

宮城野温泉会館

地元の人にも愛される宮城野温泉の日帰り入浴施設。男女別の内湯と露天風呂があります。無色透明の湯でよく温まることができます。

神奈川県箱根町宮城野922／☎ 0460-82-1800／9:00～21:00／木曜休／650円

明神ヶ岳
Myojingatake

1:25,000　0　500m

① 道了尊バス停　関本・大雄山駅　WC
② 見晴小屋
③ 神明水　秋はススキと紅葉したカエデが美しい
④ 明神ヶ岳 ▲1169
⑤ 明星ヶ岳分岐
⑥ 宮城野支所前バス停

1時間／30分／1時間／40分／1時間

南足柄市
神奈川県 箱根町
小田原市

宮城野分岐
明神水
1110
急な下り
塔ノ峰・宮城野分岐
明星ヶ岳 ▲924
607
宮城野温泉会館
宮城野橋バス停
箱根湯本
仙石原
138

看板あり。宮城野方面へ

PART3　下山後、温泉宿でほっこり　15　明神ヶ岳　Myojingatake

091

幕山の山頂まではあと一息。海に突き出たような真鶴半島が眺められました

16
Makuyama

幕山

早春は梅の花見も楽しみ
海の展望の山

DATA
まくやま
神奈川県湯河原町
標高..............626m
歩行時間..............3時間30分
登山レベル..........慣れてきたら

　相模湾に面した湯河原町にそびえる幕山。標高は1000mにも満たない低い山ですが、海に近い山ならではの眺めが魅力です。
　スタートとなる幕山公園は、梅の名所。2月から3月にかけては、梅の花が香りを漂わせながら咲き乱れます。公園内は散策路があちこちに分岐していますが、「ハイキングルート」の看板に従って登っていきます。「梅林最高地」の看板を過ぎると、本格的な山道に。見晴らしのない雑木林の中を進みます。あずまやを過ぎると登りが急になり、斜面をジグザグと登っていきます。空が広くなってくると間もなく山頂。相模湾の海岸線、そして伊豆半島が眺められ、天気がよければ初島の姿も。山名の看板の後ろ

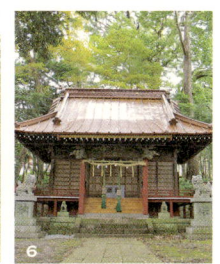

1 梅の花が見頃を迎えた幕山公園。ハイキングコースは梅林の中を通っています　2 ちょうどよい頃合いであずまやが　3 広々とした幕山山頂　4 本当に登山道？と思うような笹藪を抜けます　5 南郷山の山頂。天気がよければ背後に箱根の山々も眺められます　6 ゴールの五郎神社に到着

PART3 下山後、温泉宿でほっこり

16 幕山 Makuyama

にそびえているのは箱根の山々です。

　景色を楽しんだら先に進みましょう。幅広の道をどんどん下り、いったん車道に出たら「自鑑水」への分岐に従って山道へ。すぐに自鑑水に到着します。源頼朝ゆかりの地で、今も清らかな水が周りの木々を映しています。ここから道が少し分かりにくくなります。ピンク色のテープに従って沢沿いを進むうちに、分かりやすい山道に出ます。その先も笹が生い茂った道や、急な登りで気が抜けません。道標にも気を配りながら進んでいくと、南郷山に到着します。木々に囲まれ、眺めはよくありません。

　眺めがよいのは、南郷山からの下り。下り始めてすぐに視界が開け、伊豆半島が姿を現しま

す。いきなり現れる絶景に、ちょっと驚きます。下りはじめはやや急で足場も悪いのですが、景色も楽しみつつ慎重に下りましょう。ひたすら下っていくうちに、コンクリートの舗装道路になり、さらに進んでいくと五郎神社のある鍛冶屋バス停に到着します。

OTOMARI-YADO お泊まり宿

　温暖な気候と良質な温泉で知られる湯河原温泉。風情あふれる温泉宿が軒を連ねています。小田原や真鶴に近いこともあり、海の幸が自慢の宿も多いです。宿に早めに入ってくつろぐのがおすすめ。

HIKING DATA

Makuyama 16

❶ バス停幕山公園 → 1時間20分 → ❷ 幕山 → 30分 → ❸ 自鑑水 → 30分 → ❹ 南郷山 → 1時間10分 → ❺ バス停鍛冶屋

Planning

幕山公園行きのバスは本数が少なく、グループならタクシー利用も一案。幕山から先は難所も出てくるので、初心者なら幕山公園から山頂往復がよいでしょう。湯河原温泉には20時以降のチェックインOKの宿も多く、前夜泊の早朝ハイキングもアリ。

Access data

ゆき：東京駅からJR東海道線で1時間45分（1660円）、湯河原駅下車。箱根登山バスで20分（250円）、幕山公園下車。

かえり：鍛冶屋バス停から箱根登山バスで10分（200円）で湯河原駅へ。湯河原駅からは往路を戻る。

駐車場：幕山公園に100台。観梅の時期は有料。

トイレ

幕山公園にあり。登山道中にトイレなし。

問い合わせ

湯河原町役場
……… ☎ 0465-63-2111
箱根登山バス（湯河原）
……… ☎ 0465-62-3345

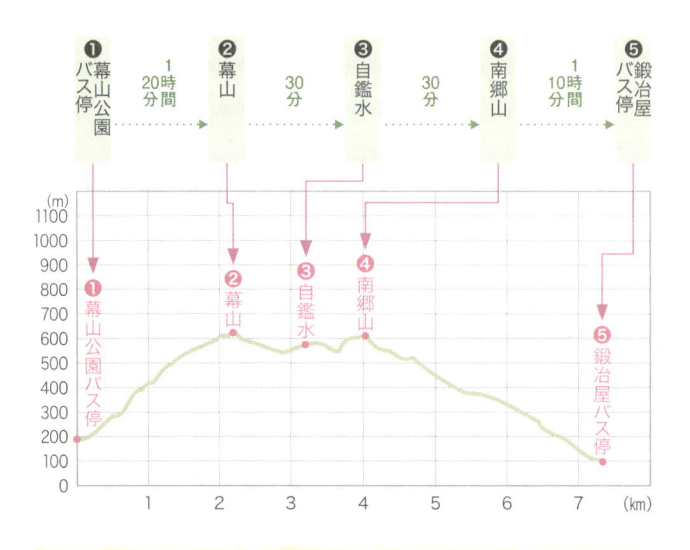

OTOMARI-YADO お泊まり宿

温泉やど うおき

魚料理に定評のある温泉宿。もと魚屋の主人自ら毎朝市場に出向いて仕入れる相模湾の新鮮な魚と、旬の地場野菜を使った、季節替わりの料理が味わえます。お風呂はこぢんまりとした内湯と、屋上に貸切露天風呂があります。客室数は全8室、いずれもシックな雰囲気でくつろげます。

神奈川県湯河原町土肥4-11-11
☎ 0465-63-5285 ／ 1泊2食付1万2960円〜／湯河原駅から徒歩6分

TACHIYORIDOKORO 立ち寄りどころ

ゆとろ嵯峨沢の湯

湯河原温泉が満喫できる日帰り入浴施設。広々とした露天風呂が快適です。温泉フェイシャルエステもあり。湯河原駅から車で7分。

神奈川県湯河原町吉浜1191 ／ ☎ 0465-62-2688 ／ 10:00〜23:00 ／ 木曜休 ／ 1350円

WEST本店

れんが造りの喫茶店。落ち着いた雰囲気の店内で喫茶や食事ができます。ボリューム満点のパフェなどが人気。湯河原駅から徒歩5分。

神奈川県湯河原町宮下29-3 ／ ☎ 0465-62-9737 ／ 8:00〜23:00 ／ 無休

幕山

地図上の注記・ラベル（抜粋）:

- 真鶴町
- 小田原
- 東海道新幹線
- 神奈川県 湯河原町
- 鍛冶屋
- （湯河原駅）
- 熱海
- 五郎神社
- ❺ 鍛冶屋バス停
- ここから舗装道路
- 1時間10分
- 看板が分かりにくい。数メートル先のカーブミラーが目印
- ❹ 南郷山 ▲611
- 白銀林道
- ピンク色のテープが目印
- 30分
- ❸ 白銀水
- 30分
- ジグザグの急な登りが続く
- あずまやあり
- 20分
- ❷ 幕山 ▲626
- 幕岩
- 幕山公園
- 梅林の中を歩く
- WC　P
- ❶ 幕山公園バス停　WC
- 車道を横切る
- 郷山 ▲563

PART 3　下山後、温泉宿でほっこり　16 幕山 Makuyama

1:25,000　0　500m　N

幕山　Makuyama

本白根山展望所から先、しばらくは木道や木の階段が続きます

17 Kusatsu Shiranesan

草津白根山

激しい噴火が作り出した
荒涼とした景観

DATA
くさつしらねさん
群馬県草津町
標高.................... 2144m（探勝歩道最高地点）
歩行時間............. 4時間
登山レベル......... 初めてでも

草津白根山は、白根山、本白根山、逢ノ峰の三山からなる、今も活動をする火山です。

白根火山ロープウェイで山頂駅までアクセスし、スタート。はじめは心地よい樹林歩きが続きます。のんびりと歩いていくうちに丸太の階段が現れ、登り切ってしばらく進むと鏡池への分岐。登山道から少し離れていますが、池の周りでひと休みしていってもよいでしょう。鏡池からしばらくは見晴らしのきかない樹林帯。登り切るとほどなく視界が開けます。樹林が切れ、眺めのよい稜線を進んでいきますが、夏にはピンクのコマクサや黄色いハクサンオミナエシなどの高山植物がきれいなところです。花々に励まされながら緩い坂を登っていくと、本白根山

1 丸太の階段が続きます 2 丸く小さな鏡池 3 本白根山展望所まではあと少し 4 道の脇にはコマクサが群生していました 5 本白根山展望所。浅間山や赤城山も眺められます 6 探勝歩道最高地点への道。なだらかな登りが続きます 7 草津白根山の代表的景観・湯釜 8 白根火山バス停の対岸にある弓池。散策路が整備されています

PART3 下山後、温泉宿でほっこり

17 草津白根山 Kusatsu-Shiranesan

展望所に到着。浅間山や志賀高原の山々が眺められます。

　少し進むと、探勝歩道最高地点への分岐。実は現在、本白根山の山頂は噴火活動のために立ち入ることができません。探勝歩道最高地点を往復していきましょう。天気に恵まれれば北アルプスまで眺められます。分岐まで戻ったら、今度は湯釜方面へ。かつての噴火口である涸釜を回り込むように進んでいきますが、このあたりも夏にはコマクサが群落を作ります。再び樹林帯に入り、右手にリフトを見ながら車道を横切り、逢ノ峰に取り付きます。丸太の階段でかなり急ですが、山頂からは湯釜を見下ろす絶景が楽しめます。

　逢ノ峰から一気に下り切るとレストハウスやビジターセンターのある白根火山バス停に到着します。湯釜を間近に見ていきましょう。やや急な舗装道路を20分ほど登り切ると展望台へ。白く険しい火口壁に囲まれ、青白い水をたたえた湯釜は神秘的です。

OTOMARI-YADO お泊まり宿

草津といえばやはり名湯・草津温泉！ 白濁した硫黄泉以外にも数種類の源泉が楽しめます。湯畑を中心に温泉街があり、歴史ある旅館からモダンなリゾートホテルまで、100以上の温泉宿があります。

HIKING DATA

Kusatsu Shiranesan 17

❶山頂駅 ロープウェイ → 50分 → ❷鏡池 → 25分 → ❸本白根山展望所 → 25分 → ❹最高地点探勝歩道 → 1時間20分 → ❺本白根山登山口 → 20分 → ❻逢ノ峰 → 30分 → ❽湯釜展望台 → 10分 → ❼白根火山バス停

Planning

草津温泉は長野原草津口駅と白根火山バス停の中間地点。山歩きを楽しんだあと、バスで草津温泉まで戻ります。湯畑周辺の宿に泊まれば、翌日の観光もしやすいでしょう。無料の共同浴場や露天風呂めぐりも楽しみのひとつです。

Access data

ゆき：上野駅からJR高崎線で1時間40分（長野原草津口まで3020円）、高崎駅で吾妻線に乗り換え1時間25分、長野原草津口駅下車。JRバスで30分（690円）、草津温泉で乗り換え15分（640円）、殺生河原下車。山頂駅へは白根火山ロープウェイで8分（900円）。

かえり：白根火山バス停からJRバス30分（1130円）で草津温泉へ。草津温泉からは往路を戻る。

駐車場：白根火山バス停前にあり（有料）。

トイレ

山頂駅、白根火山バス停付近にあり。

問い合わせ

草津温泉観光協会
.... ☎ 0279-88-0800
JRバス関東長野原支店
.... ☎ 0279-82-2028
ロープウェイ（山麓駅）
.... ☎ 0279-88-3439

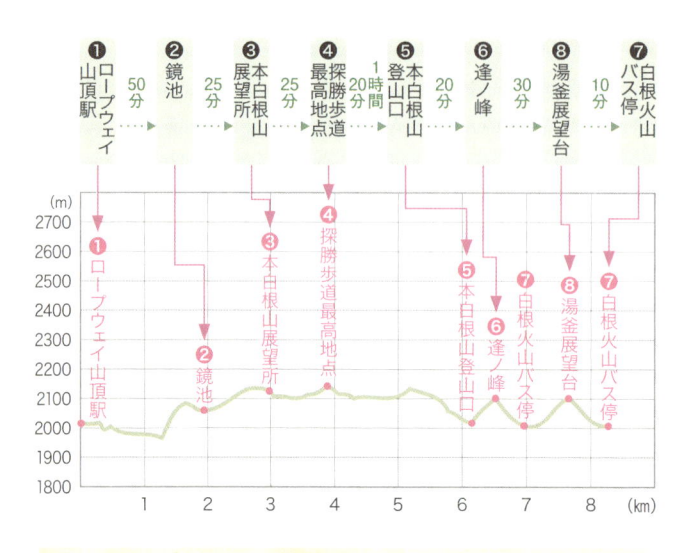

OTOMARI-YADO お泊まり宿

草津ホテル別館 綿の湯

湯畑から徒歩6分、客室数10室のこぢんまりとした和風モダンの旅館。草津の源泉のうち、乳白色で肌触りのよい「わたの湯」と、無色透明の「万代鉱」の2種類を、源泉掛け流しで楽しむことができます。ラウンジや足湯、図書コーナーなど、客室以外にも居心地のよい空間があちこちにあり、のんびりとくつろげます。

群馬県草津町草津469-4 ／ ☎ 0279-88-8777
／ 1泊2食付1万4850円〜／草津温泉バスターミナルから徒歩10分（送迎あり・要連絡）

TACHIYORIDOKORO 立ち寄りどころ

白旗の湯

湯畑のすぐそばにある、無料の共同浴場。風情ある木の浴槽を満たす白い濁り湯は、やや熱めです。

群馬県草津町草津
☎ 0279-88-0800　（草津温泉観光協会）
／ 5:00〜23:00 ／無休／入浴無料

白根レストハウス

1階は草津の特産品などのショップや喫茶店があり、2階は展望が自慢のレストランになっています。4月〜11月中旬営業。

群馬県草津町草津国有林158林班
☎ 0279-88-2479 ／ 9:00〜16:30 ／期間中無休

草津白根山 map

18 Kagonoto yama

篭ノ登山

展望の尾根歩きを楽しみ、雲上の秘湯へ

空気がおいし〜

篭ノ登山へ
しゅっぱ〜つ！

Start!

AM 10:00

山頂まで
もう一息！
ガンバガンバ

100

DATA かごのとやま 群馬県嬬恋村・長野県東御市

標高..2227m（東篭ノ登山）
歩行時間....................................4時間20分
登山レベル................................慣れてきたら

向こうに見えているのは何山かなぁ？

PM 12:00

山頂に到着！

PM 5:00

PART3 下山後、温泉宿でほっこり
18 篭ノ登山 Kagonotoyama

Finish!

おつかれさま かんぱーい！

1 東篭ノ登山山頂！ ぐるっと360度の眺めが最高です
2 歩き始めは笹の原っぱが広がる明るい樹林帯
3 水ノ塔山へ最後の登り。尾根が龍の背中みたい？
4 水ノ塔山の下り始めは大きな岩がゴロゴロと
5 広々とした東篭ノ登山でランチ休憩
6 西篭ノ登山の山頂は木々に囲まれてこぢんまり
7 登ってきた篭ノ登山を振り返って
8 「雲上の露天風呂」のネーミングに納得！
9 夕食は彩り鮮やかな和食。体にやさしい味わいです

水ノ塔山からは眺めを楽しみながらの稜線歩きになります

　篭ノ登山。美しく、不思議な名前の山です。天に近く神の力を授かる高い場所＝加護の塔と名付けられた山が転じて篭ノ登、となったといわれています。東篭ノ登山、西篭ノ登山のふたつのピークを持つ山です。
　高峰温泉からスタート。カラマツやダケカンバの樹林帯の中を緩やかに登っていきます。ほどなく、展望ポイントのうぐいす展望台へ。目の前にはこれから向かう水ノ塔山、さらに篭ノ登山が眺められます。
　小さなアップダウンを繰り返していくうちに、最初のピーク、水ノ塔山への最後の登りにさしかかります。始めはざらざらと滑りやすい小石の斜面が少し歩きづらく、やがて大きな石を手足を使ってよじ登るところが出てきます。登り切ったところが水ノ塔山の山頂。行く手に見える手前のピークが東篭ノ登山、その奥に連なるのが西篭ノ登山です。
　水ノ塔山の山名板の裏側に回り込むようにつけられた登山道を進み、篭ノ登山に向かいます。木の根がでこぼことして歩きづらいシラビソやシャクナゲの樹林を少し進むとほどなく、目の前が開け、東篭ノ登山へ向かう道がずっと続いているのが見渡せます。途中には尾根の左側が崩れていたり、少し細いところもあるので注意して。東篭ノ登山の山頂直下はかなり急な登り、頑張りどころです。山頂は岩がゴロゴロとした

マツムシソウ咲いてました

東篭ノ登山から池の平方面へ。動く石も多いので注意して歩きます

PART3 下山後、温泉宿でほっこり 18 Kagonotoyama 篭ノ登山

カラマツの
キレイな黄葉

広場。うっすら噴煙を上げる浅間山や、北アルプスの山々が見渡せます。
　さらに西篭ノ登山にも足を延ばしてみましょう。小さなアップダウンをしながら樹林の中を進みます。最後に岩場を登り切ると、西篭ノ登山。山頂はそれほど広くありませんが南西側の眺望が開け、晴れていれば北アルプスの山々が一直線に眺められます。
　東篭ノ登山まで戻ったら、池の平方面へ。初めは石がゴロゴロして少し歩きにくいですが、ほどなく明るく心地よい樹林帯になります。なだらかな道を進んでいくと池の平。広々とした湿原は木道が整備されています。ここからは広い砂利道を緩やかに下りながら高峰温泉へ。見上げると歩いてきた尾根がずっと見渡せるのも嬉しくなります。

OTOMARI-YADO お泊まり宿

「雲上の秘湯」として温泉ファンにも人気の高峰温泉。歩いた疲れを温泉で癒しましょう。眺めのよい露天風呂は何度も入りたくなる心地よさ。とくに星空や夜景を眺めながらの入浴が最高です。昼過ぎにチェックインして温泉を満喫し、翌日ハイキングを楽しむ1泊2日の行程にするのもおすすめです。

HIKING DATA

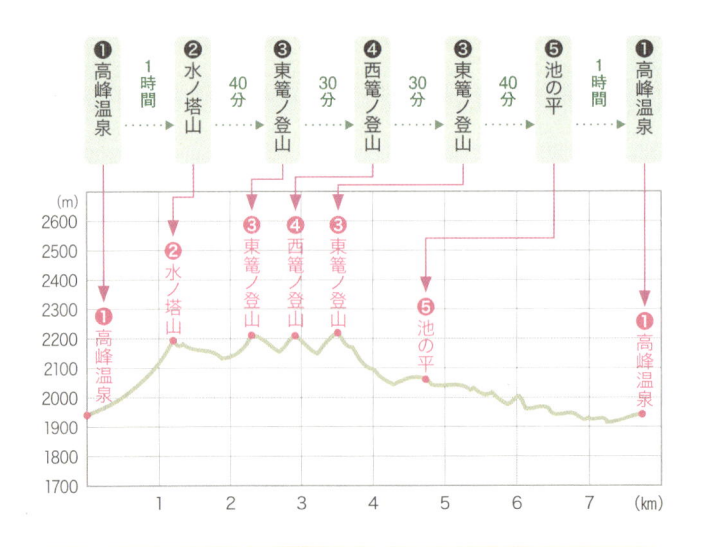

Kagonotoyama 18

❶高峰温泉 →1時間→ ❷水ノ塔山 →40分→ ❸東篭ノ登山 →30分→ ❹西篭ノ登山 →30分→ ❸東篭ノ登山 →40分→ ❺池の平 →1時間→ ❶高峰温泉

Planning

小諸〜高峰温泉のバスは1日2往復運行。高峰温泉着の朝の便は10:30頃着です。電車・バス利用で朝発の場合は、西篭ノ登を往復せず池の平に向かうとよいでしょう。マイカー利用・早朝発なら、なんとか日帰り登山も可能です。

Access data

ゆき：東京駅から長野新幹線で1時間10分（指定席5910円）、軽井沢駅でしなの鉄道に乗り換え23分（480円）、小諸駅下車。小諸駅からJRバス55分（往復1190円）、高峰温泉下車。

かえり：往路を戻る

※新宿〜高峰温泉直行便バスあり。1日1便、片道約4時間、3100円。

駐車場：高峰温泉前に宿泊者用20台、ビジター用20台。

トイレ

高峰温泉横（登山口の向かい）、池の平駐車場にあり。

問い合わせ

嬬恋村役場
　　　☎ 0279-96-0511
東御市役所
　　　☎ 0268-62-1111
JRバス関東（小諸）
　　　☎ 0267-22-0588

お泊まり宿 OTOMARI-YADO

高峰温泉

標高2000mに位置する、日本秘湯を守る会会員の温泉宿。肌触りのよい自慢の温泉は、露天風呂と館内2ヵ所の内湯で堪能できます。望遠鏡で星を眺める星空観察会や朝の野鳥観察会など、宿泊者対象のイベントも多く楽しめます。館内のあちこちに飾られた、昔の登山用品やウェアも見応えがありますよ。

長野県小諸市高峰高原
☎ 0267-25-2000 ／ 1泊2食付1万4000円〜／通年営業

立ち寄りどころ TACHIYORIDOKORO

ティーサロン寿徳

小諸駅から徒歩1分、日本紅茶協会認定の、紅茶のおいしい喫茶店。生クリームを使ったケーキやクリームトーストが人気。

長野県小諸市相生町1-3-1 ☎ 0267-22-0545 ／ 10:00〜20:00 ／木曜休

そば蔵丁字庵

高峰高原で自家栽培した地粉を使った手打ちそばを、山菜やきのこなど地元の食材とともに味わえる。小諸駅から徒歩4分。

長野県小諸市本町2-1-3 ☎ 0267-22-0448 ／ 11:00〜18:30 ／水曜休

篭ノ登山
Kagonotoyama

1:25,000

PART3 下山後、温泉宿でほっこり 18 篭ノ登山 Kagonotoyama

登山口に道標あり

大岩の間をマーキングをたよりに進む

山名板の裏に、まわりこむように通る

左側(南側)が崖になっている

群馬県 嬬恋村
長野県 東御市
小諸市

① 高峰温泉
② 水ノ塔山 2202
③ 東篭ノ登山 2227
④ 西篭ノ登山 2212
⑤ 池の平

40分 / 30分 / 40分 / 1時間

新東京百景展望地からの眺め。式根島、新島、利島、大島が重なるように眺められます

19 Tenjosan

天上山

太平洋に浮かぶ
展望と花の名山

DATA
てんじょうさん
東京都神津島村
標高.................572m（最高地点）
歩行時間...........5 時間 35 分
登山レベル........初めてでも

　伊豆諸島の中心に位置する神津島。この島の中央にそびえる天上山では、島特有の豊かな自然と黒潮の海に囲まれた展望を楽しめます。
　神津島港から黒島登山口まで、道標に従って舗装道路を登っていきます。登山口から山道がスタート。歩き始めからかなり急な登りですが、すぐ真下には神津島港と青い海が眺められて気持ちがよいです。「○合目」の道標にも助けられながら登っていき、10合目に到着。急な登りはここでひとまず終了です。
　山頂は広い台地になっていて、散策路が整備されています。一周してみましょう。まずは表砂漠を目指します。背の低い木々が茂る中を歩いていきますが、途中で背丈ほどの林を歩くと

1 黒島登山口には杖も置かれています 2 1合目からずっと海の眺めが楽しめます 3 最高地点手前から眺めた表砂漠 4 不入ヶ沢。海の向こうに富士山が見えています 5 オオシマツツジは5月が見頃です 7 真ん中に小さな島がある不動池 7 島の北側からは伊豆諸島、そして櫛ヶ峰の眺めが素敵です 8 月の世界を思わせるような裏砂漠

ころも。常緑樹が茂り、ジャングルのようです。砂漠分岐を過ぎると、地面が白い砂地のようになってきます。目の前には白く切り立った岩山が連なり、しばらく進むと表砂漠に到着。

　ここから最高地点までは20分ほど。山頂からは伊豆諸島、そして富士山まで見渡せ、この島がぐるりと海に囲まれていることを実感できます。不入沢あたりは海を左手に望み、目の前には富士山も眺められます。白島下山口を過ぎてしばらくは山に囲まれた窪地歩き。窪地が終わり、少し登り切ると、バームクーヘンのように層になった櫛ヶ峰や、海の上に連なる伊豆諸島が眺められ、思わず息を飲んでしまいます。

　天空の丘に立ち寄ったら、不動池を過ぎて新東京百景展望地を目指します。ここからも伊豆諸島の眺めがすばらしく、噴煙を上げる三宅島も大きく眺められます。さらに進むとほどなく、荒涼とした砂原・裏砂漠へ。白い岩や石の山が砂原を取り囲み、月の世界のようです。さらに進み、砂漠分岐からは来た道を戻ります。

OTOMARI-YADO お泊まり宿

島内には民宿・旅館を中心に約50の宿泊施設があり、その多くは神津島港のある前浜地区に集中しています。いずれもアットホームなおもてなしに癒されます。温泉を引いている宿は山下旅館別館のみ。

PART3 下山後、温泉宿でほっこり 19 天上山 Tenjosan

HIKING DATA

Tenjosan 19

行程概要（縦断図）

① 神津島港 —40分→ ② 黒島登山口 —50分→ ③ 十合目 —30分→ ④ 表砂漠 —10分→ ⑤ 天上山 —1時間30分→ ⑥ 裏砂漠展望地 —35分→ ③ 十合目 —1時間20分→ ① 神津島港

標高 (m): 100／200／300／400／500／600／700／800／900／1000／1100／1200／1300

距離: 1〜10 (km)

① 神津島港　② 黒島登山口　③ 十合目　⑤ 表砂漠　⑤ 天上山　⑥ 裏砂漠展望地　④ 表砂漠　③ 十合目　② 黒島登山口　① 神津島港

Planning

2泊3日の行程で中日に登山を楽しむのが、登山も島内観光もしっかり楽しめておすすめ。前夜竹芝発の大型客船か、朝8:45発の飛行機でアクセスすると、着いた日に登山が楽しめます。神津島港から黒島登山口までは舗装道路で急な登りが続くので、宿泊する宿で登山口まで送ってもらうとよいでしょう。

Access data

ゆき：竹芝桟橋から、東海汽船の大型客船で8時間30分（2等6810円）、または高速ジェット船で3時間40分（1万500円）で神津島港（または多幸港）へ。

※飛行機利用の場合は、調布飛行場から神津島まで45分（1万5300円）。

かえり：往路を戻る。

トイレ

神津島港、黒島登山口にあり。

問い合わせ

神津島観光協会
　☎ 04992-8-0321
東海汽船
　☎ 03-5472-9999
新中央航空（調布〜神津島）
　☎ 0422-31-4191

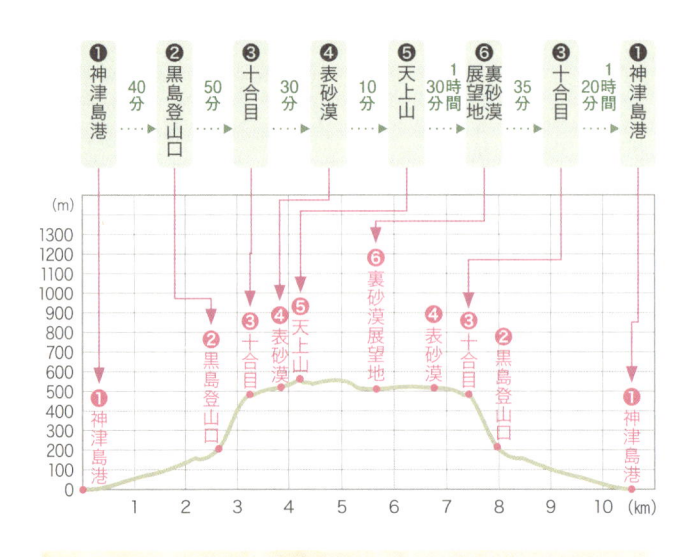

OTOMARI-YADO　お泊まり宿

山下旅館別館

島内で唯一、温泉を引いている旅館。すべての客室から神津島港と、太平洋に沈む夕陽を眺めることができます。温泉は無色透明の強食塩泉で、身体がよく温まると好評。神津島で獲れた地魚の刺身や煮付けなどが並ぶ夕食も楽しみです。

東京都神津島村2／☎ 04992-8-0313／1泊2食付き1万600円〜　※登山口まで送迎あり（応相談）

TACHIYORIDOKORO　立ち寄りどころ

藤屋ベーカリー

島内唯一のホームメイドベーカリー。味わい深いアメリカンドックやハンバーガー、菓子パンなどは、登山中の行動食にもおすすめです。

東京都神津島村700／☎ 04992-8-0925／7:30〜21:00／不定休

丸島土産店

地のりや島焼酎、赤イカの塩辛など、島の特産品を中心に、お土産が豊富に揃っています。地元の人も愛用するぎょさん（サンダル）も人気。

東京都神津島村95／☎ 04992-8-0302／8:00〜18:00／無休

1:25,000
天上山
Tenjousan
0 500m
N
東京都
神津島村
❶神津島港
❷黒島登山口
❸十合目
❹表砂漠
❺天上山 ▲572
❻裏砂漠展望地
WC
50分
45分
40分
35分
20分
15分
10分
1時間30分
砂漠分岐
裏砂漠
天空の丘
新東京百景展望地
不動池
千代池
白島下山口
不入ヶ沢
白島登山道
黒島遊歩道
森田遊歩道
宮塚山展望地
宮塚山▲336
那智堂卍
櫛ヶ峰▲503
つづき堂卍
つづき名湧水
観音堂卍
観音浦
横瀬鼻
長根
砂糠山▲190
砂糠崎
釜ヶ下洞窟
多幸湾
多幸湾
赤崎
日向神社
高処山▲299
林道天上山線
沢尻湾キャンプ場
沢尻湾
神津島温泉保養センター
うずまき岩
えんま洞
山下旅館別館
高根堂卍
庵屋堂卍
物忌奈命神社
丸島土産店
秋葉神社
藤屋ベーカリー
濤響寺
上流人墓地
神津島村役場
前浜海岸
前浜
100
200
300
400
500

神津島ってどんな島？

伊豆諸島のほぼ中央に位置する、面積約19km²の神津島。海岸線沿いを奇岩や断崖絶壁が取り囲み、青く澄み切った海は、透明度日本一に選ばれたこともある美しさです。

観光の起点となるのは神津島港。港から前浜海岸のあたりに宿や商店が集中していて、徒歩で散策することができます。神津島港周辺から離れた観光地へはバスで。村営バスが1日2〜5便運行しています。

観光

夏の海水浴シーズンは、美しい海を目当てに多くの観光客が訪れますが、海釣りやダイビング、サーフィンなどのマリンスポーツも楽しめます。なかでも赤崎海水浴場は島有数のダイビングスポット。ダイビングショップも数軒あり、体験ダイビングも楽しめます。

特産品

神津島にある酒蔵・神津島酒造で作られる麦焼酎「盛若」は、島土産に人気の一品。黒潮の恵み・干物やのりなどの海産物も、お土産に喜ばれています。ちなみに、くさやは伊豆諸島（おもに新島）の特産品です。

TACHIYORIDOKORO ここにも寄りたい！ 立ち寄りどころ

神津島温泉保養センター
サウナや打たせ湯、100人以上入れる大露天風呂など6種類のお風呂が楽しめる、日帰りの温泉入浴施設。露天風呂は要水着着用。
☎ 04992-8-1376 ／ 10:00～21:00 ／ 水曜休／ 800円

前浜海岸
美しい砂浜が広がる、島の中でも最も人気の高いビーチ。デッキも整備されています。神津島港から徒歩3分と近く、宿からのアクセスのよさも魅力です。
☎ 04992-8-0321（神津島観光協会）

多幸湧水
多幸湾海水浴場の一角にある湧水ポイント。天上山に降った雨が、清冽な湧水となって湧きだしていて、東京の名湧水57選のひとつにもなっています。
☎ 04992-8-0321（神津島観光協会）

PART 4
OTOMARI
YURU-TOZAN

憧れの日本アルプスへ

山歩きの魅力にとりつかれたら、
いつかは歩いてみたいと思う「日本アルプス」。
目の高さより下に広がる雲海、連なる山々、
3000m級の山の世界に、
ちょっとだけ足を踏み入れてみませんか。

乗鞍岳山頂(剣ヶ峰)から北方向の眺め。天気がよければ乗鞍の山々の向こうに穂高連峰も

20
Norikuradake

乗鞍岳

雲さえも下に広がる
標高3000mの絶景

DATA
のりくらだけ
岐阜県高山市／長野県松本市
標高..................... 3026m
歩行時間............. 3時間20分
登山レベル.......... 慣れてきたら

　標高2700mの畳平(たたみだいら)までバスでアクセスできる、乗鞍岳は最もお手軽に登れる3000m峰のひとつ。とはいえ標高が高ければ気象の変化も激しくなります。万全の装備で歩きましょう。ちなみに、乗鞍岳は朝日岳や大日岳などいくつかの山の総称で、最高峰が標高3026mの剣ヶ峰となります。

　スタートは乗鞍畳平バスターミナルから。まずは大黒岳と富士見岳の分岐に向かって進みます。石畳の階段が少し歩きづらいですが、すぐに広い砂利道の車道に出ます。しばらく車道歩きが続き、肩の小屋へ。ベンチがあるので一息ついていくとよいでしょう。

　ここから本格的な山道の始まりです。荒涼と

1 畳平のお花畑。花の見頃は7〜8月です　2 肩の小屋は宿泊もできます　3 標高3000m近いですが、熊も出没します　4 ザラザラした石の登りが続きます　5 青々とした水をたたえた権現池　6 乗鞍岳頂上小屋。オリジナルグッズも販売しています　7 乗鞍岳山頂に到着。荒涼とした景色が広がっていました　8 山頂には鳥居と祠があります

した岩場の道が続きますが、分かりにくいところは岩にマーキングがつけられています。傾斜はそれほどきつくないのですが、少し滑りやすい砂地の道もあるので注意して。標高がかなり高いので、人によっては息苦しいと感じるかも。顔を上げて、ゆっくり大きく息をしながら歩きましょう。周りの山々がだんだん見渡せるようになってきます。

頂上の少し手前には乗鞍岳頂上小屋がありますが、ここは休憩専用。ピンバッジやカードなども販売しています。山頂まではあと一息。ゆっくりと登っていき、木の鳥居をくぐると祠があります。来た道を振り返れば穂高連峰や槍ヶ岳がひときわ大きくそびえています。南側を眺めれば木曽御嶽山、さらには中央・南アルプスまで眺められます。3000m峰からの360度の大パノラマは感動もひとしおです。

帰りは来た道を戻って畳平へ。どんどん大きく見えてくる北アルプスの山々の眺めを楽しみながら下りましょう。

OTOMARI-YADO お泊まり宿

登山も高山植物もしっかり楽しむなら畳平に泊まるのがおすすめ。到着後はお花畑を散策したり、往復1時間程度の低山を歩いて足慣らし。翌朝は大黒岳で御来光を楽しんでから、乗鞍岳へ。

PART4　憧れの日本アルプスへ　20　乗鞍岳 Norikuradake

Norikuradake 20

HIKING DATA

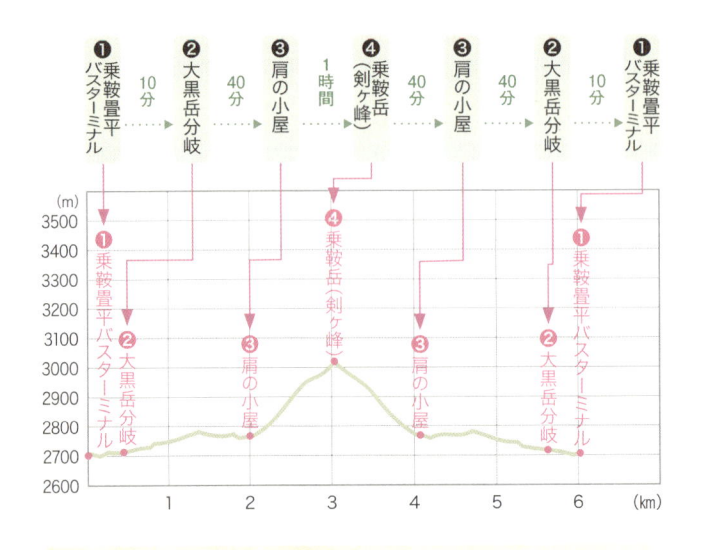

❶ 乗鞍畳平バスターミナル — 10分 — ❷ 大黒岳分岐 — 40分 — ❸ 肩の小屋 — 1時間 — ❹ 乗鞍岳（剣ヶ峰）— 40分 — ❸ 肩の小屋 — 40分 — ❷ 大黒岳分岐 — 10分 — ❶ 乗鞍畳平バスターミナル

Planning

畳平へはマイカー規制があり、乗鞍高原か平湯温泉からシャトルバスでアクセスします。畳平には2軒の宿泊施設がありますが、温泉宿ステイを楽しみたいなら乗鞍高原、平湯温泉に宿泊し、早朝にシャトルバスで畳平に向かうというのも一案です。

Access data

ゆき：新宿駅からJR中央本線特急で2時間（指定席6900円）、松本駅下車。松本駅からアルピコ交通バスで1時間40分（往復3300円）、乗鞍高原・観光センター前バス停で乗り換え50分（往復2500円）、畳平バスターミナル下車。
かえり：往路を戻る。
駐車場：乗鞍観光センター周辺にあり（有料）。

トイレ

畳平バスターミナル、肩の小屋そばにあり。

問い合わせ

乗鞍総合案内所
.... ☎ 090-8671-3191
アルピコ交通（新島々営業所）
.... ☎ 0263-92-2511

OTOMARI-YADO　お泊まり宿

乗鞍白雲荘

乗鞍畳平、鶴ヶ池のほとりに建つ、御来光を見るのにも絶好のロケーションの山小屋。客室やテラスからは、鶴ヶ池や周辺の山々が眺められます。男女交替制で風呂に入ることができたり、ハイシーズン以外は客室を個室利用できるのもうれしい限り。夕食・朝食は飛騨高山の食材がふんだんに使われています。

☎ 090-3480-3136 ／ ☎ 0577-78-1140（乗鞍国際観光）／ 1泊2食付8000円〜 ／ 6月下旬〜10月上旬営業 ／ 風呂あり、要予約

TACHIYORIDOKORO　立ち寄りどころ

乗鞍食堂・売店

1階の売店では信州や飛騨地方の名産品などが揃っています。2階は定食やうどん、そばなどが味わえるレストラン。5/15〜10/31営業。

☎ 090-8671-3191 ／
8:00〜16:30 ／ 期間中無休

一万尺売店

売店の中に簡易郵便局があり、郵便物に乗鞍山頂の風景印を押してもらえます。5/15〜10月中旬営業、郵便局は6/11〜10/10営業。

☎ 0577-78-1000 ／
8:00〜16:00 ／ 期間中無休

乗鞍岳 Norikuradake

1:25,000

畳平のお花畑。1周約30分、高山植物の見頃は7月中旬～8月上旬。

岐阜県 高山市

- 高山・平湯温泉
- 乗鞍スカイライン（一般車通行禁止）
- 桔梗ヶ原
- 大丹生池
- 魔王岳
- 恵比須岳 ▲2831
- 乗鞍白雲荘
- 亀ヶ池
- ① 乗鞍畳平バスターミナル
- 鶴ヶ池
- 2772 ▲ 大黒岳
- 穂高連峰の眺めがよい。御来光の名所
- ② 大黒岳分岐
- 乗鞍食堂・売店 一万尺売店
- 里見岳 ▲2824
- お花畑と富士見岳への分岐
- 木樽ヶ池
- 2817 ▲ 富士見岳
- 乗鞍エコーライン（一般車通行禁止）
- 乗鞍エコーラインのビューポイント
- 五ノ池
- 摩利支天岳 2872 ▲
- ③ 肩の小屋 WC
- 砂地の急な道
- 2975 ▲ 朝日岳
- 2979 ▲ 蚕玉岳
- 頂上小屋（休憩のみ）
- 権現池
- 3026 ▲ ④ 乗鞍岳（剣ヶ峰）
- 屏風岳 ▲2968
- ▲3014 大日岳（奥ノ院）
- 高天ヶ原
- 乗鞍高原・松本

長野県 松本市

PART4 憧れの日本アルプスへ 20 乗鞍岳 Norikuradake

115

21 Kiso Komagatake

木曽駒ヶ岳

白い岩峰を彩る可憐な高山植物の群落

DATA

きそこまがたけ　長野県駒ヶ根市／上松町／木曽町／宮田村
標高.. 2956m
歩行時間.................................... 3時間55分
登山レベル .... 慣れてきたら

PART4　憧れの日本アルプスへ
21　木曽駒ヶ岳　Kiso Komagatake

剣ヶ池から眺める千畳敷カールと宝剣岳。水面に宝剣岳が映っています

広々とした木曽駒ヶ岳の山頂。遠くの山が雲の上から顔をのぞかせています

　中央アルプスの最高峰、木曽駒ヶ岳。夏は白や黄色の高山植物で彩られ、秋は色鮮やかな紅葉が山肌を埋め尽くします。標高2600mの千畳敷（せんじょうじき）までロープウェイでアクセスし、雲上散歩を楽しみましょう。
　ロープウェイの千畳敷駅に降り立つと、いきなり宝剣岳（ほうけんだけ）のすばらしい眺めが出迎えてくれます。まずは千畳敷へ。白い岩峰がお椀の形のように窪地を囲む千畳敷カールは、2万年前に氷河期の氷が山を削ってできた地形です。一周1時間弱の散策路になっていて、夏は足元に真っ白いチングルマやコバイケイソウ、金色に輝くシナノキンバイやミヤマキンポウゲ

なめたらアカンです！

など、さまざまな高山植物が咲いています。このあたりまでは、観光客の姿も多く見られます。
　八丁坂分岐から本格的な山道に。ここからが登山の領域になります。道はよく整備されていますが、石段はかなり段差があり、きつい登りです。登るにつれてどんどん近くなっていく空。白い岩が石門のようにそびえています。振り返ると南アルプスの山々が連なり、富士山が小さく頭をのぞかせています。
　頑張って登り切ると乗越浄土（のっこしじょうど）。広場のようになっています。山小屋もありますから、ゆっくり休んでいきましょう。ここからは宝剣山荘の裏側から回り込むように登山道を進みます。中岳までは高低差はあまりありませんが、大き

1 乗越浄土への登り。前方の岩が石門のようです　2 ハイシーズンは多くの人で賑わいます　3 広々とした乗越浄土でひと休み　4 前方のこんもりした山が中岳です　5 大きな岩が積み上がった中岳山頂　6 山頂まであとひと登り　7 駒ヶ岳山頂に到着！　8 山頂にやさしい顔のお地蔵様がいました　9 馬ノ背は人影もまばらでした

PART 4　憧れの日本アルプスへ　21 木曽駒ヶ岳　KisoKomagatake

固有種のコマウスユキソウ

な石の間をぬうように進んでいくので少し歩きづらいかもしれません。中岳まで登ると、その先に見えるのはいよいよ木曽駒ヶ岳。いったんガーッと下って、大岩がゴロゴロする斜面を登っていきます。一歩ずつ足を進めていき、標高2956mの山頂に到着！　南、中央、北アルプス、さらには八ヶ岳など、日本の名だたる高峰をぐるりと見渡せます。自分の足で登ってきて眺める、3000m近くからの景色は、感動そのものです。

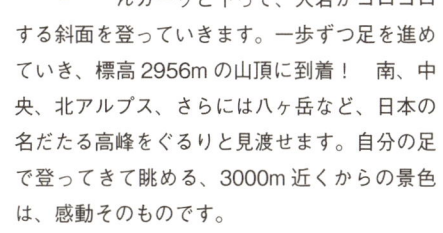

　山頂からは、いったん馬ノ背方面に。右手に中岳を眺めながら、緩やかに下っていきます。すぐに中岳方面への道へ折れ、なだらかな道を進みます。このあたりはコマウスユキソウの群落地。風に揺れる小さな花があちこちで見られます。駒ヶ岳頂上山荘に突き当たったら、来た道を戻って千畳敷へ向かいます。八丁坂の下りはかなり急に感じるので十分に注意して。

OTOMARI-YADO　お泊まり宿

ロープウェイの山頂駅には雲上のリゾートホテル・ホテル千畳敷があります。乗越浄土には宝剣山荘、天狗荘、さらに駒ヶ岳の山頂にも山小屋が。いずれも快適な山の一夜が過ごせます。

119

HIKING DATA

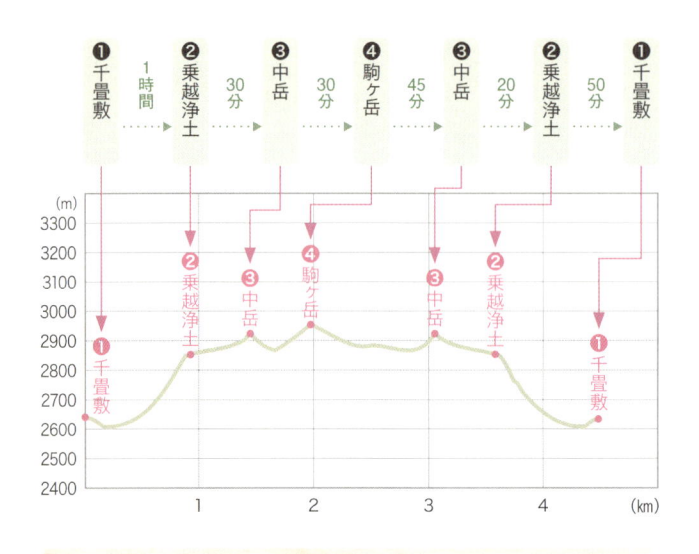

Kiso Komagatake 21

❶千畳敷 —1時間→ ❷乗越浄土 —30分→ ❸中岳 —30分→ ❹駒ヶ岳 —45分→ ❸中岳 —20分→ ❷乗越浄土 —50分→ ❶千畳敷

Planning

都内からのアプローチが長く、公共交通機関なら初日にロープウェイで千畳敷までアクセスして1泊、翌日登山というコースが無理がないです。マイカー利用なら、朝9時頃までに菅の台駐車場に着ければ初日に登山が楽しめます。

Access data

ゆき：JR中央本線特急で2時間25分（駒ヶ根まで、7330円※特急指定席料金含む）、岡谷駅で飯田線に乗り換え1時間、駒ヶ根駅下車。伊那バスまたは中央アルプス観光バスに乗り換え45分（1030円）、しらび平へ。しらび平からロープウェイで8分（往復2260円）で千畳敷へ。
かえり：往路を戻る。
駐車場：菅の台バスセンターに駐車場（有料）あり。菅の台から先はマイカー規制あり。

トイレ

ロープウェイの各駅、各山小屋にあり。

問い合わせ

駒ヶ根市役所
............☎ 0265-83-2111
伊那バス駒ヶ根営業所
............☎ 0265-83-4115
中央アルプス観光（ロープウェイ）
............☎ 0265-83-3107

お泊まり宿 — OTOMARI-YADO

ホテル千畳敷

駒ヶ岳ロープウェイ山頂駅に併設のホテル。客室やレストランの窓からは、千畳敷カールや南アルプスの絶景が楽しめます。空に手が届くような星空もこの標高ならでは。明るく広々とした大浴場では、高山の清水を利用したお湯でリラックスできます。信州の山の幸、川の幸を贅沢に使った夕食も楽しみです。

長野県駒ヶ根市赤穂1
☎ 0265-83-3844（予約センター）
1泊2食付 11880円〜

立ち寄りどころ — TACHIYORIDOKORO

早太郎温泉 こまくさの湯

木曽駒ヶ岳の山麓に建つ日帰り温泉入浴施設。中央アルプスの眺めがすばらしい露天風呂が自慢です。しらび平駅から車で5分。

長野県駒ヶ根市赤穂759-4 ☎ 0265-81-8100
10:00〜21:00／第2・4水曜休／610円

明治亭 中央アルプス登山口店

駒ヶ根名物ソースカツ丼が味わえる店。分厚いカツがどんぶり飯の上に山盛りになっているソースカツ丼は食べごたえ十分です！

長野県駒ヶ根市赤穂759-487
☎ 0265-82-1233／7:30〜20:00／無休

木曽駒ヶ岳 KisoKomagatake

1:25,000

木曽町

宮田村

上松町

大桑村

長野県
駒ヶ根市

分岐に道標あり

登山道が各方面に分岐。方角確認を。

岩場あり
困難な巻道

山頂周辺には
鎖場あり危険!!

- 2661 濃ヶ池分岐
- 2779
- 馬ノ背
- 濃ヶ池
- 馬ノ背分岐
- ④ 駒ヶ岳 ▲2956
- 頂上木曽小屋
- 玉ノ窪山荘
- 木曽前岳 ▲2826
- 九合目
- 駒ヶ岳頂上山荘
- 濃ヶ池
- ③ 中岳 2925
- 天狗荘
- 宝剣山荘
- ② 乗越浄土
- 伊那前岳 ▲2883
- 宝剣岳 2931
- 八丁坂分岐
- 三ノ沢分岐
- ① 千畳敷
- ホテル千畳敷
- 剣ヶ池
- 駒ヶ岳ロープウェイ
- しらび平
- 2676
- 島田娘ノ頭 2858
- 最低鞍部
- ケルン
- 2711

PART 4 憧れの日本アルプスへ
21 木曽駒ヶ岳 KisoKomagatake

121

COLUMN 長く快適に歩くために

④ 安全に山を歩くために

山が好きになり、山に行く回数が増えてきたら、
自分や自分の仲間が事故なく無事に山を楽しむ…安全について
ちょっとだけ考えてみませんか。山での事故は 100% 防ぐことはできませんが、
ちょっとしたことでリスクを減らすことができるのです。

登山道でのすれ違い

登山道で人とすれ違うときは「原則として登り優先」です。疲れている人、山頂にこれから向かう人を優先してあげるという気遣いですね。登り続けて息切れして疲れている人に道を譲られたら「ありがとう」と声をかけて先に歩かせてもらえばよいのです。

登山道ですれ違うときは、相手をやり過ごせるだけの広さがある場所で山側に避けます。谷側（崖側）に避けてしまうと、すれ違った人が軽くよろけたり、ザックやストックなどが軽く当たってあなたがバランスを崩すと、谷側に落ちてしまう可能性があります。

安全に避けるためのポイントは「避ける場所とタイミング」。前から来る人を早めに察知して、あの人をやり過ごすにはどこで止まればいいだろう、と考え行動します。下を向いて周りに気を配らずに歩いていると、直前まで対向者に気づかず、慌てて広そうなほう（＝谷側のことが多い）に避けてしまうものです。

つまり、登山道で安全にすれ違うためには、歩きながら常に周りのもの…自然そして人…が見えていることが必要で、そのためにも「疲れずに余裕を持って歩く」ことが重要なのです。

グループでの行動

　グループで歩くときは「みんなで一緒に行動する」ことが重要です。

　多くの場合、グループで歩く時、メンバーの経験や体力はバラバラです。歩き慣れて体力のある人は早く歩けますが、体力のない人は歩くペースが遅いでしょうし、経験のない人は岩場などが苦手でしょう。それでも「みんなで一緒に」歩くのです。たとえば歩き慣れていない人が疲れて動けなくなったり、転んでひどい捻挫をしてしまったとき、一緒にいればすぐに気づいて対処できますが、みんなの姿が見えないほど一人で遅れていたらどうでしょう。他の全員が気づかず下山して「あれ？ひとり下りてこないぞ」となったら…。

　グループで歩く時は、先頭と一番後ろが歩き慣れた人。先頭のすぐ後ろは、初心者、あるいは体力のない人が歩くようにします。そうすれば、その人の様子を見て行動ができます。そして、歩き慣れていない人や体調の悪い人を一番後ろにつけてはいけません。そういう人ほど、仲間に迷惑をかけたくなくて「私は一番後ろからゆっくり行くから」と言いがちですが、「大切な仲間」だったら、弱い人を独りにしてはいけないのです。

登山計画書

山に行くときに作り、1通は自宅に、もう1通は登山ポストへ。右ページのものをA4サイズにコピーするか、「実業之日本社のホームページ」内の本書の紹介ページにある登山計画書のPDFファイルをダウンロードして印刷してお使いください。

登山計画書

山域	丹沢	← 都道府県でもOK
山名	塔ノ岳	
期間	2014年 4月 1日～2日	

	氏名	年齢	住所	緊急連絡先 / 本人電話
代表	山賀 好子	34	新宿区新宿1-1-1 山賀荘201	03-0000-0000 / 090-0000-0000
	山田 育代	27	川口市南川口1-2-3	048-000-0000 / 080-0000-0000

本人電話は携帯の番号などを書く

緊急連絡先は自宅など不在時につながる電話

● 行動予定

4月1日：ヤビツ峠―三ノ塔―烏尾山―塔ノ岳
　　　　（尊仏山荘宿泊）
4月2日：塔ノ岳―花立―大倉

1日ずつスタート、ゴール地点とおおよその経由地を書く

● 備考（エスケープルート、装備など）

エスケープルート：政次郎尾根から戸沢経由で大倉へ下山。
　　　　　烏尾山までは来た道を戻る。
行動食は各自で持参。

悪天候の場合のショートカットルートや、持ち物についてのメモなど

登山計画書

山 域	
山 名	
期 間	年　　　月　　　日

	氏名	年齢	住所	緊急連絡先
				本人電話
代表				

●行動予定

●備考（エスケープルート、装備など）

遠くに見える、気になったあの山…。
私の山は、まだまだ、どこまでも続いている。

取材・本文執筆

西野　淑子（にしの・としこ）

関東近郊の低山を中心にオールラウンドに山を楽しんでいるフリーライター。著書に『東京近郊ゆる登山』（実業之日本社）、『女子のための！週末登山』（大和書房）など。NHK文化センター『東京近郊ゆる登山講座』講師。風を感じ、草花に目を止め、のんびり歩くのが好き。

写真	和氣　淳（御岳山〜大岳山、笹尾根、飯盛山、榛名山、大菩薩嶺、谷川岳、乗鞍岳）
	石森孝一（塔ノ岳、雲取山、天狗岳、那須岳、明神ヶ岳、篭ノ登山、木曽駒ヶ岳）
	山中湖村（p.34）、湯河原町役場（p.93）
イラスト	鈴木みき
取材協力	山で出会ったたくさんのみなさん
装丁・本文デザイン	OKAPPA DESIGN　工藤亜矢子
地図制作	株式会社千秋社

東京周辺 お泊まりゆる登山

2014年4月25日　初版第1刷発行

著者	西野淑子
発行者	村山秀夫
発行所	実業之日本社
	〒104-8233 東京都中央区京橋3-7-5　京橋スクエア
	☎03-3535-5411（編集）　☎03-3535-4441（販売）
	http://www.j-n.co.jp/
印刷所	大日本印刷株式会社
製本所	株式会社ブックアート
DTP	株式会社千秋社

●実業之日本社のプライバシーポリシーは上記ウエブサイトをご覧ください。
●本書の地図は、国土地理院長の承認を得て、同院発行の5万分1地形図及び2万5千分1地形図を複製したものである。（承認番号 平25情複、第751号）
●本書の高低図の作成にあたっては、DAN杉本氏作の地図ナビゲータ『カシミール3D』（Windows対応）を使用しました。（カシミール3Dの情報については、http://www.kashmir3d.com/を参照してください）
●本書に掲載の記事、写真、地図、図版などについて、一部あるいは全部を無断で複写・複製（コピー、スキャン、デジタル化等）・転載することは、法律で認められた場合を除き、禁じられています。また、購入者以外の第三者による本書のいかなる電子複製も一切認められておりません。
●落丁・乱丁の場合はお取り替えいたします。
●定価はカバーに表示してあります。

©Toshiko Nishino 2014, Printed in Japan
ISBN978-4-408-00862-2（ブルーガイド）